WATARASE

——わたらせ——

大森和代
Kazuyo Omori

たま出版

プロローグ
死を思い留まらせた偉大なる存在からのメッセージ

「待って!!」――。

いま死んでどうなるのですか?
死んで楽になるとでも思ったら大間違いです!
もっと苦しくなるだけですよ。
いま死んでしまうと、永遠の苦しみが
ずっとずっと続くだけで誰も助けてはくれません。
さらに、いま生きているようには会話はできなくなるのです。

例えば、あなたが「苦しい」と訴えても一方通行で、
誰も気づいてはくれません。まったくの一人ぼっちです。
痛い思いをして死ねば、ずっと痛いまま。
あなたは、私の言うことは聞いておいた方がいい。

死ぬことをやめろとは言いません。
「少し待って」と言っているだけ。いまでなくても、
明日でも、明後日でも、死ぬことはできるのだから…。
いま死んで後悔しても、生き返ることは絶対にできないのです。絶対に！
ならば、死んだあとにどうなるのかを知った上で
行動を起こした方がいい。

もしもいま、あなたが電車に飛び込んで死んでしまったら、
その直後からどうなるのかを理解しておいた方がいい。

すべてを理解した上で、それでもやはり、どうしても死にたいのなら、
　もう誰も止めることはない。勝手にすればいいのだから…。

電車に飛び込んで死んだとしても、自分の意識は死後もずっと続きます。
「体が痛い…」と思って死ねば、その痛みが意識にインプットされ、
　　　その後はずっと痛いまま。苦しいまま。
だから、楽に苦痛なく死ぬ方がいいに決まっているのです。
あなたは、いつまで生きるのかを約束して生まれてきています。
　その約束通りに死ぬ場合、苦痛はありません。
　　死後の意識も楽なままいられるのです。
　　その道を選ぶのが一番幸せ。一番幸せ。
だから、いまは死なないで。お願いだから…。

これは、かつて私が苦しみの果てに電車に飛び込もうと決意したとき、突然、耳元に聞こえてきたメッセージです。当時はまだ、それが誰の言葉なのかはわかりませんでしたが、付き合っていた人との結婚問題で悩み苦しんでいた私を強く、やさしい言葉で思い留まらせてくださったのです。

実は子どものころから、ふとした瞬間に耳元にメッセージが聞こえてくることがありました。もちろん、誰が、なぜそのような言葉を届けてくれるのかはわかりません。ただ、そのメッセージには何か意味があるに違いないと思い、ノートに書き記していたのです。自分の意思とは無関係に耳元に聞こえてくる言葉にとても勇気づけられました。当時の私はまるで詩や歌詞をメモするような感覚でメッセージを書き綴り、読み返しては元気をもらっていたのです。

二十歳くらいになると、子ども時代よりも長いメッセージが届くようになりました。冒頭の言葉は二十三歳のときに聞いた内容です。メッセージがどのように届くのかを説明するのは難しいのですが、多くはまるで人間が耳元で話しているように聞こえます。そして、言葉の内容が光景として頭の中に浮かんでくるのです。あるいは、テレパシーを受けたように頭の中に声が響くように聞こえる場合もあります。

声の主は一人ではなく、何人かいらっしゃいました。声音《こわね》や口調、言葉遣いなど、それぞれに特徴があるのです。穏やかにお話しになる方や怒ったように話される方、厳しい口調の方、やさしく語りかけてくださる方など、実にさまざまです。すべての方に共通しているのは、どのメッセージも慈悲深く、やさしさの中にも包み込むような愛にあふれ、勇気をいただける言葉ばかりだということです。

ただ漠然と「声の主はご先祖様かもしれない」と思って生きてきました。それほど、一つ一つのメッセージが慈愛に満ちあふれていたのです。ところが、ある指導者との出会いによって言葉の主が明らかになりました。私が耳元で聞いていたメッセージは、神様のお言葉だということがわかったのです。

「神様があなたにメッセージを届けてくださっているのですよ」――。

指導者からそのように言われたとき、最初は正直、半信半疑でした。しかし、私が受けてきたメッセージの中には地球や人びとの将来を映す内容や、辛く厳しい生活を余儀なくされている人びとに対して勇気を与えるお言葉も数多くありました。また、そうしたメッセージの中には私が到底知るはずもない未来予測も含まれており、それらが次第に現実化していくのです。そんな奇跡の数々を目の当たりにするうちに、もう信じないわけにはいかなくなりました。さらに、神様がお名前を名乗られるようにもなり、「あなたを通じてこれを全人類に伝えてほしい」と願いを託されるようになったのです。

信じていただけるかどうかはわかりません。しかし、スピリチュアルカウンセラーとして活動している私の使命は、いまこの世界に生きている迷える人びとに神様のお言葉をお伝えし、正しい方向へと導くお手伝いをすることだということが確信できたのです。

ここ最近の地球の悲痛な叫びに多くの人が気づきはじめています。大きな地震や津波に自爆テロや紛争、世界経済の崩壊、新型インフルエンザなどの伝染病、そして親殺しや子殺しなどの凄惨な犯罪の数々…。少し前にはあまり聞かれなかった出来事が毎日のように起こり、日本国内の自殺者は十二年連続で年間三万人を超えたといいます。

「地球はなぜ私たちの不安を煽《あお》るのか」「地球は今後どうなっていくのか」「私たちは今後どうなっていくのか」――このようなえたいの知れない不安を多くの方が抱いています。しかし、地球がこのようになった理由（この世の真実）を知ることで、私たちがどのような心持ちで、どのように生きていくべきなのかがわかります。神様のお言葉には、その気づきの手助けとなるメッセージが数多く含まれています。

この世には、目に見える世界もあれば、目に見えない世界も存在しています。目に見えない世界は遠い場所にあるのではなく、この三次元の空間と重なり合って存在しています。私はこの世界（三次元空間）を超えたところから届く神様の偉大なるメッセージを今生（世）に生きる人びとにお伝えし、癒しを与えることができればと願っています。

二十代のころから英会話スクールを経営していた私が、このような使命に目覚めたのは、小さいころからの体験が大きく影響しています。耳元でメッセージを聞いてきたこと以外にも、幼少期から霊的な存在を感じ、未来予知や幽体離脱などさまざまな体験をしてきました。亡くなった人と会話したり、その人を見ただけで体の悪いところがわかったり、過去生のことがわかったり、その人にとりついている霊が見えたり、神様と直接会話することもできます。いまではそれらの能力を授かった理由がわかりますが、当時は自分でも不思議だと思いつつも、そういうものだと思って生きてきたのです。

本書には、私の幼少期からの体験と合わせて、長くノートに書き記してきた神様のお言葉のほんの一部もご紹介しています。これまでの私の体験と学び、そして神様からの素晴らしいメッセージの数々が、一人でも多くの方々の救いになれば幸いです。

目次

第三章　使命の気づき　55

第四章　魂を磨くことの大切さ　85

エピローグ

地球を進化させ、人びとの魂を進化させるときがきた

第一章　子ども時代の不思議な出来事

何かに祈りを捧げていた幼少期

小さいころの私は、眠る前に毎晩、祈る子どもでした。夜になって布団に入ると、「このまま眠ってしまうともう起きられないかもしれない」と不安になり、その漠然とした恐怖感から逃れるために、とにかく手を合わせていたのです。祈る姿を親や兄姉に見られるのは照れくさいと感じていたので、手はいつも布団の中で合わせていました。

漠然とした恐怖感は、もしかすると暗闇や死に対する怖れだったのかもしれません。布団に入り、手を合わせていたあるとき、ふと耳元で「今回死ぬということは意味が違う。すべて消えてなくなるということである」とメッセージが聞こえてきました。そして、宇宙の墓場やブラックホールのような場所を数回、夢で見せられたのです。このときに聞いたメッセージの意味はあとで知ることになるのですが、それ以来、暗闇と死が子どもながらに怖ろしくなったように思います。

常に怖れを抱きながら祈っていた私は、寝る前はつとめて楽しいことを考えるようにしていました。例えば、「将来は大豪邸に住むお嬢様になって、車に乗るときも『どうぞお乗りください』と運転手がドアを開けてくれて、周りには常にたくさんの仲間がいて楽しくおしゃべりして…」と、子どもながらに夢を思い描きつつ、「明日も明るい世界がきますように」と手を合わせて祈りを捧げていたのです。祈る意味すらもわからず、誰に教えてもらったわけでもありませんでした。

思えば叶うと気づいた子ども時代

小学生のころになると、眠るときの祈りだけではなく、普段から何かを強く思う子どもになりました。心で思うとすぐ現実化するのです。

例えば、天気を変えることができました。私は小学生のころから体育のハードルが苦手だったのですが、「明日、雨が降ったらハードルの授業がなくなるのに」と心から思うと、本当に雨が降って体育の授業が屋内に変更になるのです。

中学生の夏休みにはこのようなことがありました。夏休みの最終日に宿題がどうしても終わらないと焦った私は、「明日は台風が来て学校が休みになりますように！」と強く心で願いました。すると、台風の進路が本当に変わり、翌朝に暴風警報が発令されて学校が休校になったのです。その貴重な一日をフルに使って宿題をすべて終えたのは言うまでもありません。

天気以外にもさまざまな経験をしました。例えば、小学生のとき、「明日のテストに間に合わない！」と思った私は、「明日、先生が学校を休み、テストが自習に変わりますように！」と真剣にお願いをしてみました。すると、やはり思った通りに先生が学校を休み、自習になるのです。

まったく触れることなく物質を動かすこともできました。例えば、カーテンもその一つです。これも子どものときの経験なのですが、ある朝、目が覚めるとまだ誰も部屋のカーテンを開けていないことがわかり、布団に横になったまま「あのカーテンを開けたいな」とふと思いました。すると突然、何の前触れもなく「シャッ！」と勢いよくカーテンが開いたのです。最初は驚きましたが、それ以来、手を使わずに開閉することも多くなりました。他にも、トイレの窓を手を使わずに閉めたり、心で思うだけで電気を消すこともできました。「あの無駄な電気を消さなきゃ」と思うと、「バチバチッ！」と蛍光灯の紐が引かれるのです。

この本を読まれている方にとっては、何のことかよくわからないかもしれません。普通では考えられないことだと思います。しかし、子どものころの私にとってはごく自然のことだったのです。

このような経験を続けるうち、「肉体のない誰かがこの場所にいて、私が思ったことを手伝ってくれている」と考えるようになりました。その理由はまだわかりませんでしたが、「祈れば誰かが叶えてくださる」というしくみが存在するのだということは、すでに理解していたように思います。

しかし、一方では、「このまま手を使わずに何でもやるのはよくない」と子どもながらに気づいていました。「やっぱり人間は自分で動いてカーテンや窓を開け、電気を消さないといけないな」と。そうしなければまったく動かないようになり、人間がだめになってしまうのではと不安な気持ちも抱いていたのです。

こうした私の不思議な体質のことは、母親にだけは話していました。母と姉も目に見えない世界のことが理解できる人です。普通の人であればまず信じてくれないような私の経験も、母に言うと「ああそうなの」と、ごく当たり前のこととして聞いてくれたのです。そのように受け止めてくれる人が身近にいたので安心でした。ただし、母親からは、「友だちからおかしな人だと思われたらいけないから、あまりしゃべらない方がいいわね」と言われていたので、あまり人にはしゃべらずに生活していました。

本当に仲の良い友だちには、興味本位で驚かせたことはあります。小学生のとき、私の家に友だちが遊びにきた日のことです。「この押し入れの中に人間じゃない人が住んでいて、ノックをすると『ドンドン』と音が返ってくるんだよ」と言うと、友だちは「そんなことあるはずがない」と言って譲りません。そこで、私が押し入れを「コンコン」とノックすると、「ドンドン!」と大きな音が返ってきました。友だちはあまりの怖さに悲鳴を上げ、急いで逃げて帰ったことを覚えています。いたずらをした私はといえば…いたってシンプルに考えていました。「体が見えない人がそこにいるだけだ」と。だから怖いと思ったことはありませんでしたし、「ご霊さんと遊ぶ」くらいの感覚しかなかったのです。

神様のような存在に守られている

そうした不思議な体験をしている子ども時代から、「私はこの世界で生きているけれど、違う世界もあるのかもしれない」ということは漠然と感じていました。その世界が具体的にどこにあるのか、どのような世界なのかはわかりません。しかし、「その世界でも私たちと同じように生活している人がいる」と思っていたのです。

ある出来事がきっかけで、「もしかしたら神様のような存在に守られているのでは」と感じるようにもなりました。

私の実家は岐阜の山奥にあり、緑あふれる素晴らしい環境です。家の横は滝になっていて、十五メートルほど下を川が流れています。まさに断崖絶壁のような場所に家と蔵、そして小屋が建っていたのですが、その立地が災いして大事件が起こったのです。

小さいころの私はおばあちゃん子で常について回っていました。いつも遊んでくれるので大好きだったのです。その日もおばあちゃんに相手をしてもらおうと家の中を捜し回っていましたが、どこにも見当たりません。家にいなかったので庭に出ると、ふと小屋が目に入りました。小屋の中にはたまねぎなどが保管されていて、おばあちゃんがよく出入りしていたので、「あそこにいるかもしれない」と思い、その方向に歩いていこうとしたのです。

その瞬間です。突然、耳元で「来るな!!」と誰かが叫びました。おばあちゃんはもの静かな人なので、大声を出すことはありません。「おかしいな?」と思ったとき、今度は目の前に大きな顔が現れました。私は怖くて怖くて、いつしか金縛り状態になり、体が動かなくなりました。そして次の瞬間です。大きな地響きとともに、目の前の小屋が崖から下に崩れ落ちていったのです!　土ぼこりがおさまると小屋は見る影もありません。「大変だ!」と思った私はすぐ家の中に入り、「おばあちゃんが落ちた！」とわめきました。母親は「またおばあちゃんに遊んでもらったの？」と状況を把握してくれなかったのですが、お手伝いさんが心配して小屋を見に行き、「小屋がない！」と大騒ぎに。近所の人も手伝いにきてくれて、険しい崖を急いで下りていき、落ちた小屋を掘り起こして中にいないか捜してくれました。すると、やはりおばあちゃんが倒れていたのです。すぐ助け出し、家の中に運んで横に寝かせ、町医者を呼んで診てもらいました。

そのときの光景をいまでもはっきりと覚えています。おばあちゃんのひたいが、まるで「し」という文字のような形にぱっくりと割れ、頭蓋骨が見えていたのです。もうだめかもしれないという状況でしたが、麻酔もせずにお医者さんが懸命にひたいを縫い合わせ、おばあちゃんは無事、一命をとりとめました。そのときに私は、「人間の骨って白いんだ。人間の体も縫うんだ」と思ったことを覚えています。

その後、おばあちゃんは奇跡的に回復したのですが、今度は私が命を失うような危機一髪の目に遭うことになります。

私の実家の目の前には県道が通っていて、向かい側におばあちゃんの友だちの家がありました。その日もおばあちゃんは向かい側の家に行き、友だちと世間話をしていたのでしょう。その姿を見つけた私は「早くおばあちゃんに会いたい！」という気持ちが先走って道路に飛び出し、バイクにはねられてしまったのです。空中に投げ飛ばされた私はそのままアスファルトで頭を強打。普通なら大けがを負う事故だったようですが、病院でレントゲンを撮ってもまったく異常はなく、体に擦り傷すらもなかったようです。お医者さんも「これは奇跡ですよ」と言っていたそうです。

次は別の事故の話です。

ある日、父が運転する車の後部座席に兄と姉と私の三人で座っていました。兄と姉は楽しそうに話をしていたのですが、その日に限ってなぜか恐怖感を抱いていた私は前の座席をしっかりとつかんでいました。次の瞬間です。対向車線のトラックがカーブを曲がりきれずに車線を飛び出し、避けようと父が急ハンドルを切った結果、車が側溝に突っ込んだのです。幸い、私は前の座席につかまっていたので無傷でしたが、横を見ると兄も姉も顔が血まみれになっています。すぐ病院に運ばれ、そのまま二人は入院しました。

実はこのときに聞いた兄の叫び声がいまでも耳に残っています。瞼の傷から大量にあふれ出る血で一時的に目が見えなくなった兄が、「和代は！　和代はどこ？」としきりに私の名前を呼ぶのです。茫然自失の状態で座り込んでいた私は恐怖で声が出ず、姉はただ泣き叫んでいました。やがて父が「和代はここにいるから安心しろ」と伝え、兄はようやく安心したようでした。このとき、子どもながらに、妹を思う兄の深い愛を感じたことを覚えています。

小屋に行こうとした瞬間に聞こえた「来るな‼」という叫び声と、目の前に現れた大きな顔…。奇跡的に無傷だったバイク事故…。父の車で大けがをまぬがれた事実…。これらの経験は「偉大なる存在に守られている」ことを私に教えるためだったのかもしれません。

病気の疑似体験をさせるという意味

事故に遭ってもけがをしなかったことに加えて、子ども時代から病気にもかかりにくかったようです。兄と姉が麻疹《はしか》にかかったとき、母が私にもうつるようにと兄姉のそばに寝かせたのですが、まったく影響がなかったそうです。同じく、風疹《ふうしん》や水疱瘡《みずぼうそう》、おたふく風邪にかかった近所の友だちと遊んでいてもうつりませんでした。

高校生のときに過呼吸になったことはあります。実は、このときの経験はご霊さんが影響していました。思春期に入ったころからご霊さんの存在を意識し始めていた私は、あるとき友だちと海に遊びに行ったとき、「ここにいやなものがいる」と感じました。そのとき、「悪い霊が体についてきたな」というのはわかりましたが、いまのように霊をきる（病気の原因ともなっている霊障《れいしょう》を一瞬で取り除く方法）ことはできませんでした。結果、霊がついたままにするしかなく、急に呼吸が苦しくなってしまったのです。

実は病気に関して、次のようなメッセージが聞こえたことがあります。それは、「あなたを病気にさせることはないが、病気の疑似体験はさせる」という言葉です。この過呼吸の経験も意味あって与えられた苦しみだったと、あとになってわかったのです。

病気の疑似体験でいうと、大人になってからこのような苦しみを味わったことがあります。それは、初めて子どもを授かったときのことです。妊娠したとき、かなり大きめの腫瘍が卵巣に出来ていることがわかりました。幸いにもまだ大事には至らない程度の腫瘍で、病院の先生からは「このまま様子を見て、妊娠の安定期に入った時点で摘出しましょう」と言われました。

しかし、やはり赤ちゃんが心配でなりません。それからというもの、毎晩寝る前にお腹に手を当て、腫瘍が消えることを願い続けました。「なぜ腫瘍なんて出来たんだろう？　心が悪くて病気になったのかもしれない」と悩みつつも、一方では「これにも何か意味があるに違いない」と思い、一心に願い続けました。すると、日を重ねるごとに腫瘍が小さくなるのがわかりました。読者の方にとっては不思議な話だと思われるかもしれないのですが、私には消えていく腫瘍が見えたのです。

後日、私が見た心のイメージは正しかったことがわかりました。妊娠の安定期に入って病院で検査を受けると、「腫瘍が見えない」と先生から言われたのです。心配していた赤ちゃんはというと…すくすくと元気に育っていると聞いてひと安心です。結果的には、無事、女の子の赤ちゃんを出産し、腫瘍は完全に消えてなくなっていました。先生に聞いても、「理由はわかりません。これは医学では解明できないことなので、これ以上は聞かないでください」と言われる始末。当時のレントゲン写真もあるので、卵巣に腫瘍が出来ていたことは確かです。しかし、毎日お腹に手を当てて願うことで消えてしまったわけです。

これはあとで知らされることになるのですが、卵巣の腫瘍が消えた事実も偉大なる存在（神様）による力が影響していました。私に病気の疑似体験をさせることで、「病で苦しむ人の気持ちを知るように」と教えられたのでしょう。私にとってつらい経験でしたが、スピリチュアルカウンセラーとなった現在の活動にいきています。

第二章　霊的存在に目覚めたとき

亡くなる前の人が幽体離脱してあいさつにくる

子どものころの能力はどちらかというと自分の願いを現実化させることが中心だったように思います。しかし、前章の最後で少しふれたように、大人になるにつれて霊的な存在をより強く感じるようになります。

「霊」の話を持ち出すと、科学的根拠のない怪しい世界と感じる人もいることでしょう。しかし、人間とは単なる物理的な肉体のみの存在ではなく、肉体を離れた魂が輪廻転生を繰り返す高貴な霊的存在なのです。

科学が発達した現在では唯物論的な思想のみが受け入れられ、ともすれば科学では説明することができない世界はないがしろにされる傾向にあります。にもかかわらず、無宗教といわれる日本人でも正月にはお寺や神社にお参りし、神様や仏様に願い事をします。目に見えない世界に疑いを持つ一方で、崇高で偉大なる神の存在を認めざるを得ないことも、人びとは理解しているのです。

現在、日本にはスピリチュアルブームが巻き起こっています。それは、もしかすると、ようやく人びとがこの世の真実に気づき始めている証拠なのかもしれません。この世の真実を探求すればするほど、人間の崇高で神秘的な霊的存在が明らかになっていくのです。

大人になるにつれて霊的存在をより強く感じるようになった私のもとに、あるときから亡くなる前の人が姿を見せるようになりました。それを明確に理解したのは祖父が他界した十九歳のときです。

ある日の夜、お風呂に入るために部屋を出ようとしたとき、かなり前になくした人形が落ちていることに気づきました。それは子どものころによく遊んでいた大好きな人形で、捜しても見つからなかったものです。「どうしてこの人形がいま落ちているんだろう」と不思議に思っていたとき、ふと「おじいちゃんが体から離れてこの人形の中にいる」と感じました。当時、おじいちゃんは老衰により自宅で寝たきりの状態だったので、急いで寝床に様子を見にいきました。しかし、特に問題もなく寝息を立てています。安心した私はお風呂にいき、そのまま眠りにつきました。
次の日の朝、家族が慌てている声で目を覚まし、おじいちゃんが亡くなったことを知らされました。私が人形を見たとき、おじいちゃんは体から出たり入ったりを繰り返していたのだと思います。そして、私に気づいてもらうために、大好きだった人形を部屋に置いたのでしょう。この経験により、亡くなる前の人があいさつに来てくれることがわかりました。

亡くなる前の人があいさつに来られたとき、その姿がはっきりと見えることもありました。これは親しい人のおじいさんが亡くなられたときの話です。ある日の夜中の二時ごろに、土砂降りの雨の音で目覚めた私はとても胸が気持ち悪くなりました。トイレに行って吐こうとしても何も出ず、さらに胸は苦しくなるばかりです。母を揺り起こして症状を伝えると、「誰かが苦しんでいるのよ」と言います。母も霊的存在がわかる人です。私はじっと我慢していたのですが、ふと窓の外を見ると、橋の上に白い着物を着た人が歩いているのが見えました。夜中の二時や三時に土砂降りの雨の中を人が歩いていること自体がすでにおかしい上、よく見ると着物だけでなく傘も白く、それは直径三メートルほどもある大きなものでした。以前からそのようなご霊さんの姿を見ていたので、その時点で私も「生きている人ではない」ということに気づきました。その後、白い着物を着た人の姿が視界から見えなくなった瞬間にぴたりと雨が止み、胸の苦しみも嘘のようにすっと楽になったのです。そのとき、「いま誰かが亡くなった」ということがわかりました。

次の日、友だちから「おじいちゃんが死んじゃった」と電話がありました。「あの人はこの子のおじいさんだったんだ」と理解した私は、亡くなった時間を確認しました。すると、やはり私が白い着物の人を見た夜中の二時ごろに亡くなられていたのです。私はその友だちの家に遊びに行ったとき、おじいさんとよく話をしていました。だから、亡くなるときの苦しみを私に訴えに来られたのでしょう。

人間の体は、肉体に幽体《ゆうたい》と霊体《れいたい》が重なって存在し、肉体を脱ぐと幽体と霊体だけの状態、いわゆる幽霊と呼ばれる存在となります（図「人間の体の構造（肉体・幽体・霊体の説明）」参照）。肉体が存在するのは三次元空間ですが、人が亡くなると四次元空間に行きます。その結果、人間が生きている空間とは次元が異なるので幽霊が目に見えなくなるのです。ちなみに、縦と横で表現されるテレビやパソコンの画面が二次元で、そこに奥行きが加わることで、私たち人間が存在している三次元空間になります。そして、三次元である縦・横・奥行きにさらに新たな一つの方向を加えた空間が四次元空間です。それ以上の高次元（五次元、六次元、七次元）は神様がいらっしゃる場所で、まるで生きているかのような黄金の光に包まれた美しい所です（表「次元の説明」参照）。

「幽体」は肉体と同じ姿かたちをしており、具体的には納棺の服装でいます（一般的には四十九日の間は納棺の服装で、それ以降は半袖半ズボンの白衣を身につけています）。棺桶に入れられた状態ですので、多くの人は白装束を着ていますが、異なる服装をしている人もたまに見かけます。それは、納棺の際に白装束以外の服装を着せられていたからです。死後の世界で自分の好きな服を着たい方は、納棺の際

●人間の体の構造
（肉体・幽体・霊体の説明）

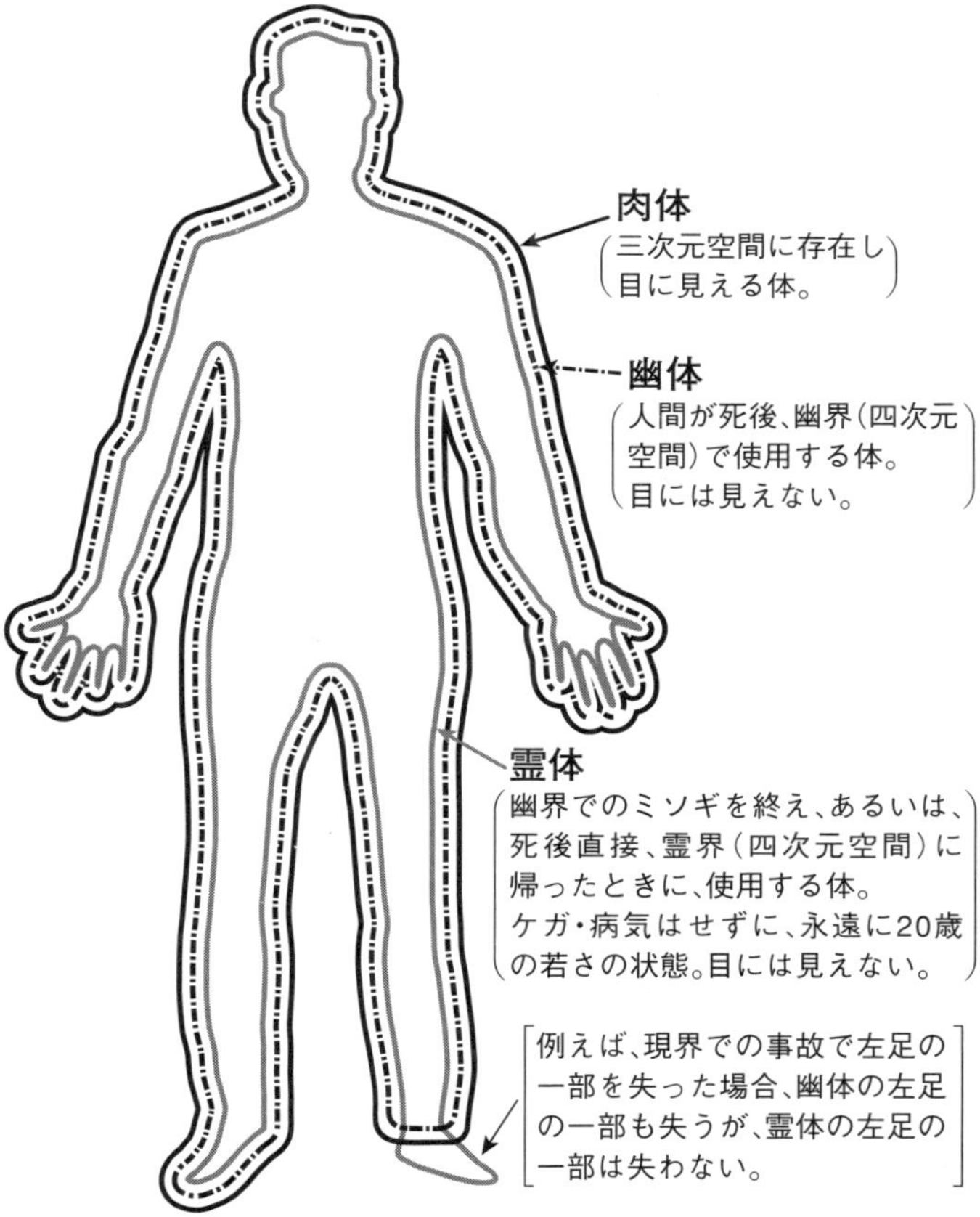
肉体
（三次元空間に存在し目に見える体。）
幽体
（人間が死後、幽界（四次元空間）で使用する体。目には見えない。）
霊体
（幽界でのミソギを終え、あるいは、死後直接、霊界（四次元空間）に帰ったときに、使用する体。ケガ・病気はせずに、永遠に20歳の若さの状態。目には見えない。）
［例えば、現界での事故で左足の一部を失った場合、幽体の左足の一部も失うが、霊体の左足の一部は失わない。］

●次元の説明

七次元空間	神界（神様がいらっしゃる場所）	
六次元空間		
五次元空間		
四次元空間	霊界（人間の魂のふるさと、いわゆる『天国』）	
	幽界（人間が死後、生前の罪をミソグ場、いわゆる『地獄』）	
三次元空間	現界（物質界）［地球・人間・生物界］	
二次元空間	生物は住んでいない	

の服装を決めておき、ご家族にお伝えしておくといいかもしれないですね。

生前に病気を患ったり、事故に遭ったり、手術をしたり、臓器提供して身体の一部がなくなったりと、肉体に何らかの損傷や傷跡があったとしても、幽体は肉体とまったく同じ姿として存在しています。一般的に言われている幽霊は白い着物を着て青白い顔をしていますが、亡くなったときと同じ姿で存在しているのでもっともな話なのです。

一方の「霊体」とは、霊界（人間の魂のふるさと、いわゆる「天国」と呼ばれる場所）に帰ったときの体です。私たちが霊界に帰ると苦しみは一切なく、二十歳の状態から歳をとることもありません。


人間が亡くなると約一週間で肉体から幽体と霊体が離れるといわれています。もしくは、火葬の場合はその時点で幽体と霊体が離れます。私が人形に祖父を感じたり、友だちのおじいさんの姿を見たのは亡くなる直前か、もしくは亡くなったときです。つまり、まだ肉体から幽体と霊体が離脱する前に存在を感じたり、姿を見ていたのです。おそらく亡くなる直前に幽体離脱して、私のもとにやって来てくれたのでしょう。

すでに亡くなっている方の居場所がはっきりと見えることもありました。それは、知り合いのおばあさんが行方不明になったときのことです。一人暮らしのおばあさんが住んでいた家に鍵がかかっていたため、外出したまま行方不明になったのではと家族の方が心配して捜し回っていたのです。一緒に捜してほしいと連絡を受けた私は、その家に行くため急いで準備をしようと鏡をのぞき込みました。すると、布団に入って眠っているおばあさんの姿がはっきりと鏡の中に映し出されたのです。

そこに映るおばあさんはすでに亡くなっていました。すぐ知り合いに電話をかけ、「おばあさんは家の中で寝ているよ」と伝えました。そして知り合いがドアをこじ開けて家の中に入ってみると、やはりおばあさんが眠ったまま亡くなっていたのです。

行方不明者の居場所が見える

近所のおばさんが行方不明になったときは、その方の居場所が頭の中にはっきりと見えました。ある日、用事で外出した直後に携帯電話が鳴り、「おばさんがいなくなったので、近所の人たちで手分けして捜したい」と協力を求められました。出発後すぐだったのでとりあえず急いで家に帰り、おばさんがいる場所をイメージしました。すると、光景として居場所が見えたのです。そこは個人の家ではなく、集会場のような公共施設でした。そして、部屋の中にダンボールが敷かれ、その上におばさんが茫然自失の表情で座っています。すぐ近所の方々を車に乗せ、私が見た集会場を捜しました。近くに公民館があるということなので、そこに車を走らせると、まさに私が頭の中で見た場所でした。近所の方々に「ここに間違いないです！」と伝えて急いで扉を開けると、やはりダンボールが敷いてあります。しかし、おばさんはすでにいなくなっていました。近所の方々からは「どうしてわかるの？」と不思議がられましたが、説明している暇はありません。「直前までここに座っていらっしゃったので、近くにいるはずです」と伝えて公民館の周りを捜し始めた途端、三十メートルほど先をとぼとぼと歩いているおばさんを発見したのです。彼女は虚ろな目をしていたので、おそらくノイローゼになって徘徊していたのでしょう。発見後、おばさんをあまり刺激してはいけないと思い、偶然通りがかったように声をかけ、車で自宅まで送り届けてご家族に引き渡しました。

霊が助けを求めてやってくる

二十代後半になると、霊が助けを求めて私のもとにやってくるようにもなりました。ある日、家で寝ていると、突然部屋に若い女性のご霊さんが入ってきました。そして、「死にたくない！」と泣き叫びながら私の足にしがみつくのです。その方は隣の家に住む女性で、幼稚園の子どもさんを残したまま亡くなられたのです。お葬式の日にも「子どもを残して死にたくない」と私に訴えかけてきたのですが、「どうかもうあきらめてくださいｏ子どもさんはだいじょうぶですよ」と諭《さと》すと姿を見せなくなりました。

　亡くなった方が今生（世）に執着したままになると、浮遊霊となって成仏できません。もしも霊が助けを求めてやってきた場合、やさしく諭してあげることはよいとしても、むやみに情をかけてはいけないのです。不思議な世界だと思われるかもしれません。しかし、これもこの世の真実の一つなのです。

　また、私が英語の勉強のためにイギリスの大学に留学していたとき、霊にもにおいがあることを知りました。その日はイタリア人の友人たちと夕食を食べにいくため、教会の前で待ち合わせをしていたのですが、近くにボロボロのズボンをはいた老人が座っているのが見えました。その姿を目にした瞬間に「人間ではない」ということを理解し、どこかいやな空気を感じました。

　その後、友人たちとの夕食を終え、大学の寮に戻ったときのことです。部屋の中にものすごい腐敗臭が漂っていることに気づきました。いったい何があるのかと部屋の中を探し回ってみると、なんと手洗いシンクの上に、教会の前で見た老人が仰向けに横たわっているのです。近づくと顔や体が腐敗して崩れ去り、死後数カ月経過しているのがわかりました。

とにかくものすごいにおいです。すぐ窓を全開にして、「ここにいてはだめ。あなたが行くべき場所に行ってください」と諭しました。ところがまったく反応がありません。日本語が通じないのかと思い、英語で伝えてはみたものの、やはり反応はなし。結果として明け方の四時ごろ、急に窓から出ていってしまったのです。つらい体験でしたが、霊のにおいがここまできついというのを思い知らされた出来事でした。

実は霊夢（霊的に意味のある夢：映像はすべてカラーで、目が覚めても実際に自分が経験したような感覚が残っている夢）でもにおいがするときがあります。以前、夢の中で血の池地獄に連れていかれたことがあるのですが、生臭い血のにおいが漂う本当に怖ろしい場所でした。どろどろの血が溜まった池の中はまるで山芋をすったものが体にまとわりつく感じで、血生臭いにおいで吐きそうになります。池には他にも誰かいるのですが、お互いに話をすることはできません。疲れ果てて沈んでも、顔面血まみれでまたにゅ～っと出てきます。地獄では死ぬことすらできないので、それを繰り返すしかないのです。

初めて幽体離脱を経験

初めて幽体離脱を経験したのは二十九歳のときです。当時、英会話スクールを経営していた私は毎日休みなく働き、心身ともにとても疲れていました。その日も疲れてベッドで寝ていたのですが、ふと気づくと自分が天井に浮かんでいました。下を見ると、なんと布団に入って眠る私の姿があります。「どうしよう…」と不安になるものの、一方では体が軽く、とても気持ちがよかったことを覚えています。

そのとき、ふと「あの部屋に本をとりに行こう」と考えました。すると、次の瞬間には、すでにその部屋に移動して天井に浮かび、周りを眺めている自分がいるのです。「なぜこんな高いところに…」と恐怖を感じた瞬間、すっとまたもとの体に戻りました。時間にして五、六分の出来事でしょうか。

二度目の幽体離脱を経験したのも同じくベッドで寝ているときでした。同じように天井に浮かんでいる自分に気づいたのですが、「この前はもとに戻れたのだから大丈夫」と思った私は、家の外に出て空高く舞い上がってみようと考えました。すると、きれいな星や月を眺めながらぐんぐんと体が上昇し始めました。ところが、あまりにも上空まで昇り、体が凍えるように寒くなって「怖い！」と感じた瞬間、またもとの体に戻ったのです。それ以来、「幽体離脱でこのようなことをしてはいけない」と思うようになりました。

物事を前向きに捉えることの大切さ

このように、幽体離脱によって自由に移動することができるのですが、私にとっては別の意味がありました。幽体離脱で心身の疲れを浄化することができるのです。

私は現在、スピリチュアルカウンセラーとして亡くなった方の霊を呼び出して会話したり、相談者が抱える苦悩や病気などを解決する手助けもしています。これは精神的にとても疲れる仕事です。相談者が私のもとにいらっしゃったときには、相談に乗っている間中、極限状態まで集中することで他次元と交信し、その方についているご霊さんや神様からのメッセージを受け取るなど、普通では考えられないようなことを日常的に行っているのです。やはり心身ともにリラックスさせる手段が必要となります。そこで、私の場合は幽体離脱で疲れを浄化しているのです。

まず肉体から少し浮かび上がる程度に幽体と霊体を離し、その状態で心身をリラックスさせます。肉体のすぐ上に浮いていると体がとても軽く感じ、気持ちがいいのです。そうやって肉体から離れてしばらくふわふわ浮いていると、心身ともにすっきりと回復させることができます。

この方法を初めて経験したのは、娘が小学生のときでした。娘が登校拒否になり、心を悩ませた私の精神が追い詰められていたのです。壁に虫がはっているのが錯覚で見えるほどでした。そうした極限状態に追い込まれていたときに、心身の疲れをとる幽体離脱を初めて経験したのです。心につかえていたわだかまりがさーっと溶け出し、とても気持ちが楽になったのを覚えています。

娘が不登校になったのは、担任の先生についているご霊さんが影響していました。娘も私と同じように霊が見えます。そんな彼女が、「担任の先生に何か変なものがついているので学校に行きたくない」と言うのです。担任の先生はとても教育熱心な方でした。娘の友達を連れて自宅まで遊びに来てくれるなど、本当に気遣っていただいたのです。先生は何も悪くないのですが、やはりご霊さんの存在を私も感じました。ただ、娘のためだとはいえ、突然「霊をきってもいいですか」と言えるわけでもありません。少し様子を見るより仕方がありませんでした。

娘が家にいても、私はPTAなどで学校に行かなくてはなりません。また、ご近所さんから「娘さん学校に行っていないの?」と聞かれるなど、何より周囲の目が気になって心労が重なってしまったのです。もちろん、一番苦しいのは娘のほうです。だから娘には、「あなたがこうなるのは強くなるため。ムダなことは何もないからね」と伝えていました。

幽体離脱で心身がリセットされてからは考え方がガラリと変わりました。「娘が不登校のこの時期を楽しもう！」と思えるようになったのです。一つの事象に対する捉え方は二つあります。一つは前向きに捉える方法、もう一つは後ろ向きに捉える方法です。私は娘の登校拒否という事象に対して、最初は後ろ向きに考えていました。だからつらかったのです。しかし、娘が小学生の時期は一生に一度きりです。それなら、「娘が昼間も家にいる時間を思いっきり楽しもう！」と考え方を切り替えたのです。それからはお昼に二人で料理をつくったり、お菓子を焼いたり、一緒に買い物に行ったりと、まるで夏休みのような気持ちで楽しみました。娘もこの時間を思う存分楽しめたこともあってか、次の学年になるとまったく何事もなかったかのように学校に通うことができるようになりました。

娘はいま中学三年生です。一時的に学校に通えなくなっている近所の子どもさんに対しては、「不登校や引きこもりの子の気持ちがすっごくわかる。本当は外に出るきっかけがほしいんだよ、お母さん」と言うほどまで成長してくれています。さらに、「外に出るきっかけをつくることができるのは誰でもいいわけじゃないの。本当に親しい人しかできないんだよ」とも。娘もつらい経験があるからこそ、そうやって人の気持ちが理解できる女の子に育ってくれているのだと思います。

いま不登校や引きこもりの子どもさんを持つ方は、その時期を楽しむことが大切だと思います。人生に意味のないことはありません。不登校にも何か意味があるのです。悲観的にならず、子どもを責めたり、自分を責めたりせず、その貴重な時間を思い切り楽しんでほしいと思います。

一番つらいのは子どもです。「学校に行きなさい」と親が言うと、子どもはどんどん追い込まれてしまいます。家族で引きこもりの方がいらっしゃるときは、「外に出なさい」と責めるのではなく、本人が本当に好きなこと、そのときにしかできないことを、好きなだけさせてあげてください。子どもはやがて大きくなり、いつの日か親のもとを巣立っていくものです。

娘と過ごした一時《いっとき》の〝夏休み〟。それは私にとって、とても貴重で充実した時間でした。

お腹の中の赤ちゃんと交信

私はお腹の中の赤ちゃんと話をすることができます。これは知り合いの奥さんが妊娠されたときの話です。

ある日、自宅にいたとき、ベランダから近くを通りがかる奥さんの姿が見えました。そのとき、お腹の中の赤ちゃんがテレパシーで私に話しかけてきたので、「どこに行くの?」と声をかけました。すると、「たぶん検診。お母さんは僕に何も言わずに出かけるのでよくわからないけれど、検診の手帳を持ったのでそうだと思うんだ」と言います。さらに、「僕はここ（お母さんのお腹の中）の居心地がいいので、もうしばらくここにいていい?」と聞いてきます。私は「そこにずっといると、薬を使ったり、外に出すために引っ張られたりして苦しいよ。早く出てこないとだめだよ」と答えました。すると、「じゃあ早く出るね」とその子は納得したようでした。

この会話をしたのが二月十七日です。

後日、その奥さんにお会いした際、三月一日が予定日と聞いたのですが、お腹の中の赤ちゃんとの会話を思い出して「お子さんはもう少し早く生まれますよ」と伝えました。結果、予定日より早く二月二十三日に出産されたのです。その子は私がテレパシーで伝えたことを守り、早く外に出たのでしょう。

この奥さんが出産されたときには不思議な経験をしました。岐阜で出産されたのですが、その日、私は出張で博多にいました。遠隔地であるにもかかわらず、出産の際もお腹の中の赤ちゃんとテレパシーで会話をしたのです。

二月二十二日の夜のことです。その奥さんの旦那さんからメールが届きました。読んでみると、「もうすぐ子どもが生まれる」とのこと。ところが、お腹の中の赤ちゃんからメッセージが届き、「まだ外には出ないよ」と言います。それを彼に伝えました。しばらくするとまた旦那さんからメールが届き、今度は奥さんが陣痛でとても苦しんでいるというのです。その瞬間、なんと私にも陣痛らしき痛みが体に走り、中でも腰の痛みが増してきました。そこで、旦那さんに「とくに腰が痛くはないですか」と伝えると、「何でわかるんですか⁉　そうなんです。腰が本当に痛そうで…」と返事がありました。そこで、彼女の陣痛を止めるため、私が自分自身の腰に手を当てて、彼女の痛みが和らぐように神様にお願いしました。すると、旦那さんが「妻が嘘のように楽になったと言っています」とおっしゃるのです。

しばらくして、お腹の中の赤ちゃんから「外に出る準備のために体力をつけたいから、少し眠るね」とメッセージが届いたので彼に伝えました。すると、「ちょうど妻もぐっすりと眠り始めました」と言います。

旦那さんとやり取りしていたのは夜の十一時頃なのですが、奥さんが分娩室に入る様子が光景としてはっきりと見えていました。頭の中で見た分娩室の時計は午前三時を指していたので、その時間を旦那さんに教え、「おそらく生まれるのは日付が変わってからだと思いますよ」と伝えました。すると、やはり日付が変わった朝の三時ごろに分娩室に入り、三時四十五分に無事、男の子を出産されたようです。まさに私も出産に立ち会ったかのようにすべてが正確でした。

生まれたという知らせが来たとき、今度は「重々しい名前にしなさい」というメッセージが聞こえ、名前と漢字まで明確に教えられました。名前は親が決めることです。私がご夫婦にお伝えするのもおこがましいかとも思いました。しかし、耳元で聞こえるメッセージには従ったほうがいいと考えていた私は、念のために旦那さんに電話して伝えたのです。すると、「私たちが考えていたいくつかの候補のうち、第一候補の名前と同じです！」と言うではありませんか。これには驚きました。最終的にその名前で決定し、私がお伝えした漢字も使われたようです。

生まれたばかりの赤ちゃんと会話

生まれたばかりの赤ちゃんと会話することもできます。以前、新幹線で次のようなエピソードがありました。車両の連結部分に、泣き止まない赤ちゃんを抱えたおじいさんがいらっしゃいました。その横にお母さんもいたのですが、おじいさんは泣き止まない子どもにどう接したらいいのかわからない様子なのです。私はその横を通り過ぎようとしたのですが、「僕はおじいちゃんがいやなんだ。お母さんがいい」とその子がテレパシーでしゃべってきました。さらに、連結部分は騒音が激しく、「このゴーっていう音が怖い」と訴えてきます。「どうしよう…」と思いましたが、その子があまりにも一生懸命伝えてくるので、お母さんにお声がけしました。「すいません…お子さんはお母さんに抱っこしてほしいと言っているような気がします。お母さんの心臓のあたりにお子さんの耳をあて、ぎゅっと抱きしめてやってあげてくださいね」とお伝えしました。すると、お母さんは私にお礼を言ってくださったあと、すぐ座席に戻られて私がお伝えしたようにお子さんを抱っこされました。その瞬間、ぴたりと泣き止んだのです。

今度はその子から「いろんなものを手で触って遊びたいのに、お母さんがぜんぶ取り上げてしまうんだ」と訴えてきます。そのお子さんはまだ一歳にも満たない子で、周りのものを手でつかんで覚え始める時期でした。お母さんに思い切ってそのことをお伝えすると、身に覚えがあるようでとても驚かれています。話を伺うと、「初めての子どもで心配だったので、口に入れると危ないと思い、手で触るものはすべて取り上げていたのです」とおっしゃいます。「赤ちゃんはそれを触って学ぼうとしているので、お母さんはできる限り見守ってあげてくださいね」とお伝えいたしました。

不思議な世界だと思われるでしょうね。しかし、赤ちゃんはまだ言葉をしゃべることができません。私を通して自分の気持ちを誰かに伝えてもらおうとしているのでしょう。

この章でお伝えしてきたように、大人になった私は霊的な存在をより身近に感じ、すでに他の人との違いを意識していました。さらに、「私はある使命を帯びている」ということにも気づき始めていたのです。以前から、「あなたにはいつか指導者が現れる」というメッセージも聞かされていました。そのメッセージとは、果たして何を意味していたのでしょうか。ここまでは私の生い立ちを中心にお伝えさせていただきました。次章より、読者の方々にとってプラスになるような話も交えながら進めていきたいと思います。

第三章　使命の気づき

苦しみの果てに死を考えたとき

プロローグでも少し述べたように、私は若いころにとても苦しんだ時期がありました。結婚を両親に反対されていたのです。両親のことは悲しませたくはありません。しかし、だからといって別れたくもない。両親と付き合っていた人との間で板ばさみになり、恋愛しているのに憂鬱で仕方がなく、次第に思いつめてしまったのです。いま考えると、そこまで悲観的になる必要もないと思えるのですが、まだ二十代前半だった私は、どうしようもなくなってしまったのです。

彼に会いにいこうとしたある日、ふと「こんなにつらいのなら、いっそのこと電車に飛び込んで死んでしまった方が楽なのでは…」という思いが頭をよぎりました。プロローグの言葉が耳元に聞こえてきたのはそのときです。強く、やさしい言葉で私を慰め、死を思い留まらせてくださいました。

子どものころから偉大なる存在に守られていると思って生きてきました。電車に飛び込もうとしたときも、その誰かにやさしく諭されたことで、「私はこの世に何かの使命を帯びて生まれてきたのだ」ということに気づき始めたのです。

ひたいに「まんじ」が現れた意味

「私は何かの使命を帯びてこの世に生まれて来ている」「私にはいつか指導者が現れる」――。二十代のころから常にそのようなことを意識して生きてきました。あるとき、それらの答えを知るきっかけとなる出来事が起こったのです。いまから十八年ほど前のことです。

ある日の明け方頃、ひたいに「まんじ」が現れる夢を見ました。びっくりして飛び起きた私は鏡の前に走りました。すると、ひたいの真ん中に「まんじ」が見え、次の瞬間にすぐ消えてしまったのです。「もしかすると自分の過去生に関係があるのでは」と思い、本を読んで勉強を始めました。ある本には、エジプトに生まれた人の紋章が「まんじ」だと書いてあったので、「私は過去にエジプトに生まれたことがあるのかもしれない」と考えました。しかし、「そうではない」と夢で教えられました（のちに詳しくお伝えいたしますが、私はこのように、夢を見ることでさまざまなことを教えられてきたのです）。

ひたいに「まんじ」を見たのと同じ年、幽体離脱をして次のような体験をしました。いつも幽体離脱では、自分の肉体よりも上に幽体が浮くのですが、このときは、幽体離脱をしたと思ったら、いきなり部屋の床の下の方へすごい勢いで引っ張り込まれていきました。しばらくは真っ暗で、ぱっと明るくなったかと思うと、私がおろされた場所は、外国の書斎のような部屋でした。部屋には、革張りのイスと木で出来た机、それにたくさんの本が並んでいる本棚があり、その机の上に分厚い本が三十冊ほど積まれていました。そして、それらの本に近づいてみると、見たこともない文字が書かれていました。これはいったい何なのだろうと思っていると、低い響くような声が聞こえ、「ムー帝国時代の本。もっと勉強しなさい」とだけ言われました。私は、自分は今、ムー帝国時代にタイムスリップしているのではないかと思いました。それからというもの、夢でムー大陸が沈むシーンを見せられたり、「ムームー」と低く響くような声を聞かせられるようにもなりました。

ムー大陸とは、いまから一万年以上前に太平洋上に存在したとされる巨大大陸のことです。『失われたムー大陸』の著者ジェームズ・チャーチワード氏によると、ムー大陸の火山が爆発し、大地震と津波で一夜のうちに海の底へ沈んだとされています。

書籍などでムー大陸のことを学ぶうちに、次第に私の過去生の記憶がよみがえってきました。私は過去生でムー帝国時代に生まれていたことを思い出したのです。その時代に生きていた私はムー大陸が沈むことを知っていて、それを世の人びとに伝える役目を担っていました。しかし、大陸が沈むなどとは誰も信じてくれません。にもかかわらず、一人でも多くの人びとを救うために必死に訴え続けていたのです。そのことを思い出したとき、「あなたがムー大陸で行っていたのと同じことをしなさい」というメッセージが聞こえてきました。

「あなたがムー大陸で行っていたのと同じことをしなさい」――。

最初はこの意味がわかりませんでしたが、それが今生（世）に生きる私の使命だということは理解できました。しかし、具体的に何をすればいいのか、その肝心なことがわからないのです。

また、指導者が現れるというメッセージも聞いていたので、「私の使命に気づかせてくれる方がどこかにいるのかもしれない」と考え、あらゆる書籍を読んで救世主を探し始めました。

これはあとになって教えられたのですが、「まんじ」はムー帝国の天皇家の紋章だということがわかりました。他にも、「まんじ」には神のシンボルや天地創造神、人類最古であり最高の紋章、幸運のしるしなど、さまざまな意味があることがわかったのです。私のひたいに「まんじ」が現れたことと、ムー帝国時代に生きていた私の過去生にはつながりがあったのです。

「あなたがムー大陸で行っていたのと同じことをしなさい」――。私はこの使命に気づくまでに、それから実に十年の月日を費やすことになります。そして、ついに使命に気づかせてくれる方と出会うことができたのです。

使命は世の人びとを救うこと

その方とは、ある人の紹介で参加した集まりでお会いしました。初めてお目にかかったその瞬間、「やっと会えた！」と思いました。そして、懐かしい思いで胸がいっぱいになったのです。「この方が本物の指導者だ」と確信しました。あたり一面が黄金に見え、その方の体の周りを白い光の竜神様が取り囲んでいます。その光景を見た瞬間、「神様がいらっしゃることは間違いない」と思ったのです。

ここ最近、とくに自然災害や異常気象が頻発しています。学説によると、いまから約四十六億年前にこの地球が誕生したときは、とても美しい星でした。しかし、

（神様に教えていただいたように）五百万年前に人類がこの地に降り立って以来、地球の歴史からみるとほんの一瞬の間に、人の手によって石油や鉱物などの資源が急激に浪費され、荒れた地球に変わり果ててしまったのです。

神様は「人間はいつか神の存在に気づき、正しい生き方に目覚めるはず」と願って私たちを見守ってこられました。ところが、人の心は神様の期待に反してどんどん悪くなってしまったのです。人のことよりも自分の欲を優先し、企業も利潤だけを追求する傾向が強くなっているように思います。そうした中で自然環境も破壊されてきたのです。

神様はおっしゃいます。「いくら自然エネルギーを利用して温暖化を食い止めようなどと話し合っても、もう手遅れである」と。いま、地球は悲鳴を上げています。その悲痛な叫びを人びとに聞かせ、欲に突き進む自分たちの行為がいかに愚かで身勝手なものであるかに気づかせるため、神様はあえて天変地異を与えられているのです。

そして、その神様のメッセージをこの世に生きる人びとにお伝えし、正しく生きることの大切さに気づいてもらうことが、私の使命だったのです。指導者との出会いですべてを理解しました。小さなころから耳元に聞こえてきたメッセージは、すべて神様の言葉だということも教えられました。また、子どものころからのさまざまな経験の数々も、それらを通して気づいた大切なメッセージを人びとにお伝えするためだったのです。

プロローグでも述べたように、耳元で聞こえてきた神様の言葉をノートに書き記してきました。それは、神様が人間に自らの行いを反省させようとする言葉であったり、深く心が傷ついた人を慰める言葉であったりと、すべて慈悲深いメッセージばかりです。ここからは、そうした神様のメッセージもご紹介していきたいと思います。

自然災害や新型インフルエンザの脅威は神様の警告

二〇〇九年六月、石川県や静岡県などで空からオタマジャクシが降ってきた現象がテレビで流れました。まだ記憶に新しい人もいらっしゃるでしょう。この不思議な現象について、専門家の方々がいろいろな推測を立てていました。ここで、生きものが空から降ってきた事件の一部を以下、挙げてみます（表「生きものが空から降ってきた事件」参照）。

これはあくまでも一部ですが、二〇〇九年の六月と七月の二カ月間だけをみても、これだけの現象が起きています。このことに対して二〇〇九年七月一日、神様から次のようなメッセージをいただいています。ここ最近、頻繁に起こる異常気象の本当の意味を理解していただけると思いますので、お伝えさせていただきます。

●生きものが空から降ってきた事件

発生日	場　所	降ってきた生きもの
2009年6月4日	石川県七尾市	オタマジャクシ　約100匹
2009年6月13日	静岡県浜松市	オタマジャクシやカエル約40匹
2009年6月13日	岩手県紫波町	オタマジャクシ　約15匹
2009年6月15日	広島県三次市	オタマジャクシ13匹とカエル1匹
2009年6月16日	愛知県知立市	オタマジャクシ　約25匹
2009年6月18日	岐阜県関市	カエル　7、8匹
2009年6月24日	山形県新庄市	オタマジャクシ　約40匹
2009年7月3日	山梨県南アルプス市	オタマジャクシ　約40匹

神様からのお言葉

オタマジャクシなど、
空から生きものが降ってくる現象の中には、
神が鳥を利用してやっているものもある。
しかし、石川県や静岡県などの場合、
ミニ竜巻を起こして、空へ魚を吸い上げて降らせている。
ここまで地球温暖化が進んできていることを
人間たちへ知らせるための神の警告でもあるが、
それに気づいているものはまだ少ない。
地球温暖化による異常気象は、今後さらにひどくなっていく。

いまは、小魚を巻き込む程度の竜巻が、さらに人や車、
そして家までも巻き上げていく規模の竜巻となる。
日本では、このような竜巻は多くは発生しないはずであったが、
それは過去のこととなり、今後はいろいろな異常気象が起こる。
大粒のヒョウ（氷の塊）が降ってきて被害が出たり、
雷やゲリラ豪雨、洪水、台風の巨大化と、
異常気象は毎年ひどくなっていく。
バイオ燃料の開発をいくら急いでみたところで、
地球温暖化にもう歯止めはきかない。

あまりにも安易に物事を甘く見ている人間たちへ警告を入れながら、
悔い改める様子を神は見ているが、
これもいまの様子では期待できない。さらなる大警告の日は近い。
その日までに、もう少し人間たちの魂を揺さぶり、目覚めさせ、

一人でも多くの魂を残してやりたいという神の必死の思いを
理解してもらいたい。そして、理解したものは、
現界的にも動いてもらいたい。

神が魂を揺さぶり、
目覚めかけた者を正しい道へと導くのです。
目覚めかけた者たちは、
「では、自分はいま、一体何をどうしていけば救われるのか？」と
疑問を感じ、迷い、戸惑うはず。
その者たちに、「ともに人を救っていこう」と呼びかけ、
真実を伝えていくのです。
頼みましたよ。自分自身が永遠の幸福を手に入れる
大きな大きなチャンスのときでもあるのですよ。
必ず、私のもとへと帰っていらっしゃい。

かわいい、かわいい私の子どもたち…。

このように神様は、何とかして人びとを助けようと慈悲深く温かい心で見守ってくださっています。このメッセージをいただいたのは二〇〇九年七月一日ですが、その後の七月十九日夜に岡山県美作市南部で、竜巻が原因と思われる突風が発生し、住宅二棟が全壊し、七十一棟が屋根瓦が飛ぶなどの一部損壊、そして車が約百メートル飛ばされるなどの被害も発生しました。さらには、七月二十七日のお昼には、群馬県館林市でも竜巻が原因と思われる突風が発生し、少なくとも二十一人が重軽傷を負ったほか、乗用車約三十台と民家など約二百四十棟が破損するという被害が報道されました。それ以降も日本の各地で竜巻が発生しています。神様の警告が実際に起こり始めているのです。私たちは、神様のお言葉を心に留め置き、正しく生きる道を選択することが大切です。

神様による警告は自然災害だけではありません。新型インフルエンザの脅威も同じく警告です。実は、新型インフルエンザが現れる以前の二〇〇七年末ごろから、新型インフルエンザが流行すると神様から聞かされてきました。最初は症状が軽いウイルスで、本格的な大流行を想定したシミュレーションを行うことまでわかっていました。それでも人びとの気づきが得られない場合、もっと怖ろしい感染が来ることも神様は示唆されています。このように、誰に聞いてもわからないことを神様を通じて知ることができるのです。そして、こうしたメッセージの数々は、一日でも早く自らの行いを悔い改め、心と体を浄めることが大切だという教えでもあるのです。私たちは、自分たちの行動の間違いに早く気づく必要があります。

神様はおっしゃいます。「地球の進化とともに人びとの魂も進化させる時期に来た」と。最近頻発する自然災害や異常気象、新型インフルエンザなどの脅威はすべて、満身創痍《まんしんそうい》となった地球を進化させるための〝膿だし〟なのです。しかし、悲観的に捉える必要はありません。地球から膿を出し、一旦すべてをきれいにした上で、同じきれいな魂の人びとをまたもとに戻すと神様はおっしゃっているのです。

今生（世）は魂を磨く修行の場

では、どうすれば魂を磨くことができるのでしょうか。それは、神様の教えに従った生き方をして、人に尽くし、心を高めていくことです。人間は、人のために動いているとき、人から感謝されたときに、底知れぬ充実感と満足感を得ることができます。自らの欲を優先するのではなく、人のために生きることが魂を磨く第一歩であり、幸福の道への一番の近道なのです。

「あなたがムー大陸で行っていたのと同じことをしなさい」――。

このメッセージは、地球を進化させる時期に来たいま、〝人びとにその真実を伝える伝道師としての使命をまっとうしなさい〟という教えだったのです。

私は子どものころ、布団の中で手を合わせていたときに「今回死ぬということは意味が違う。すべて消えてなくなるということである」とメッセージが聞こえてきたと第一章でお伝えしました。この意味も、指導者との出会いで理解できました。

ムー大陸が沈んで人びとが亡くなったときは、魂まで消えることはありませんでした。本来、人間とは単なる物理的な肉体のみの存在ではなく、肉体を離れた魂が輪廻転生を繰り返す霊的存在です。よって、たとえ肉体がなくなっても魂は残るのです。ところが、今回、地球が進化するときには、いい魂だけを残すと神様はおっしゃっています。だからこそ、人びとは正しく生きる道を選択し、人のために尽くし、魂を磨き続けることが大切なのです。

私が霊の存在を常に見せられてきたのも、死後の世界があることを今生(世)に生きる方に知っていただき、輪廻転生を繰り返す魂をこの世で磨き続けることの大切さを伝えるためだということもわかりました。

今生(世)に生きる人びとの人生の目的は、修行を通じて魂を磨くことです。修行というと、座禅や苦行、読経などを思い浮かべる方も多いでしょう。しかし、神様が求めているのは、社会に出て世のため人のためと願いながら汗水を流して働くことです。そのほうが人の役にも立ち、神様も喜んでくださいます。神様が人間に望む修行は、家庭や社会で心を磨きながら一生懸命に正しく生きることなのです。

慈しみ深く温かい神様の眼差し

このように、本当の神様にご指導いただけることは素晴らしいことです。神様の言葉を聞き、みなさんにお伝えしている私は、あくまでも伝道師としての使命をまっとうしているだけです。神様の言葉をお伝えすることで、みなさんが幸せになる姿を見るのが私の心からの喜びです。

私自身が今生（世）で授かった子どもは二人ですが、世の中のすべての人びとのことを、自分の子どもと同じくらい愛しいと感じるときがあります。それは、神様の思いが私に伝わっているのでしょう。

神様にとっては、この世のすべての人びとはみな子どもで、一人一人が何よりも愛しい存在です。私が神様からのメッセージを受けているとき、まるで最愛の我が子を思うように人びとのことを感じるときがあります。神様は、慈しみ深く温かい眼差しでこの世の人びとを見ているのです。

神様は、そうした深い愛の心でありながらも、口から出る言葉は時に厳しく、愛しいからこそ崖から突き落とす親の心境で人びとのことを見守っていらっしゃいます。神様は私たちを包み込むような大愛《たいあい》の精神で、人びとが修行する姿を苦しい思いをして見守られているのです。

神様は常に平等に判断される

この世の中は正直者がバカを見る世界だと思われるかもしれません。だからこそ人は「人間は死んだら無になる。人生は一度きり。だから、できるだけ楽しまなければ…」と考え、自らの愚かな行いを知りつつも欲に突き進むのかもしれません。

しかし、神様は常に平等で冷静です。私たち人間の世界では一見、不平等に思えることでも、神様はまったく公平に判断されています。「一見立派に見えるけれど実はうわべだけの人だ」ということや、「何をするにも要領が悪いけれど実は心が美しい人だ」など、神様は常に人の心を見ているのです。

人は亡くなってから四十九日目に神裁きを受けます。現界での地位や名誉に関係なく、その人の生前の行いや心を見て、神様によって平等に裁かれます。「人を騙してもバレなきゃいいや」「誰も見ていないから少しくらい悪いことをしてもいいや」と考えていけない行動をしても、私たちの背後霊（人間の霊＝五人）が正確に記録し、神裁きの際にすべてを神様に報告します（図「背後霊の説明」参照）。現界では、たとえ悪い行いをしたとしても、誰にも見つからない限り、裁かれることはないかもしれません。しかし、神様はすべてお見通しなのです。誰かが見ていても見ていなくても、真面目に生きることが何よりも大切です。

もし悪いことをしてしまった場合、生きている間に心から詫びることで罪が軽くなることもあります。だから日々、自らの行いを振り返り、反省することが大切な

●背後霊の説明（再生回数24回以下の人の場合）

└─この世に生まれてきた回数

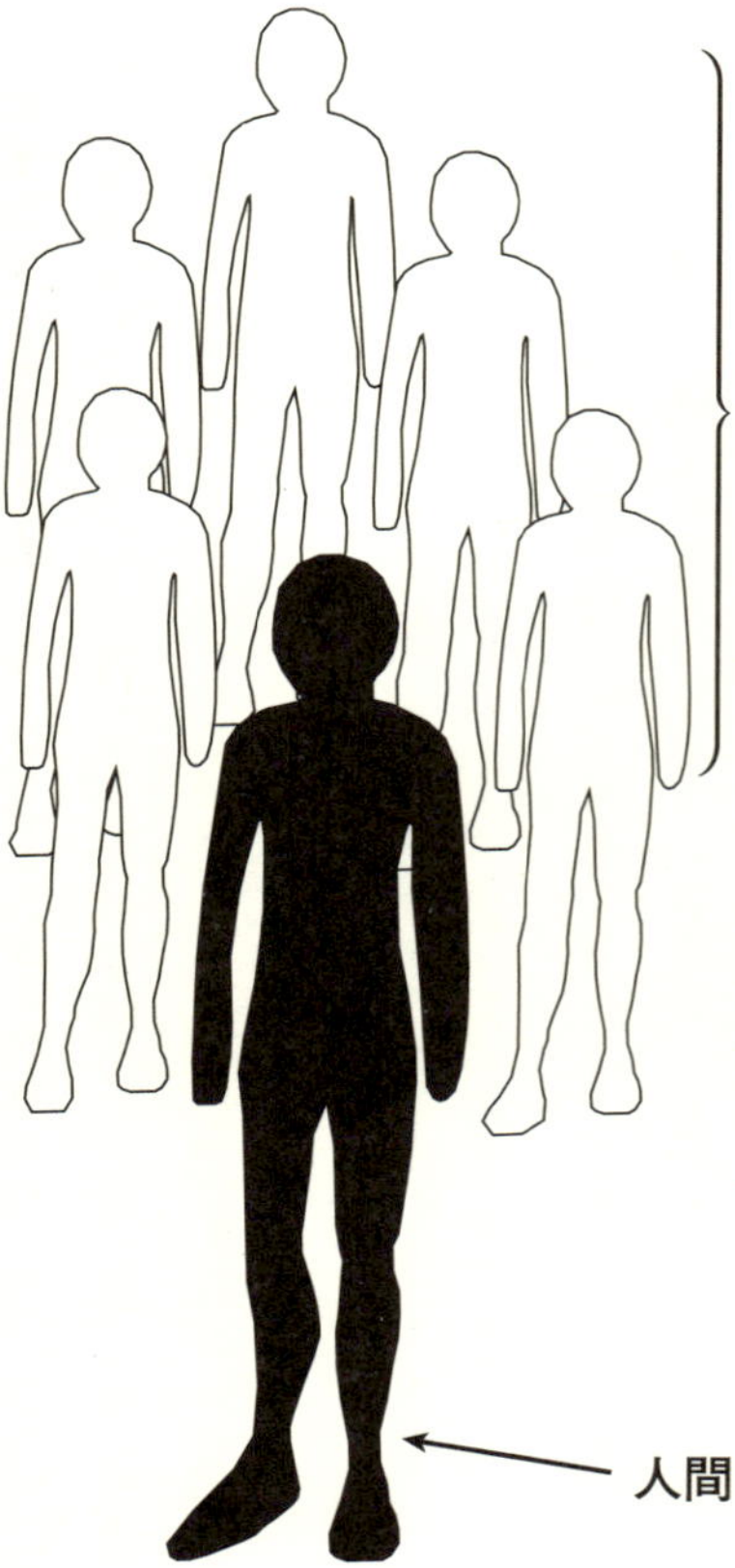

背後霊団（５人）

人間の一生を
監督・記録する。
後ろにいることが多いが
前や横にも移動する。
たいていがその人の先祖
霊で、男性（たまに女性
もいる）。
神様の命により霊界から
派遣されるので、服装は
霊界での私服。着物やス
ーツ姿等、まちまちの服
装でいる。

のです。

巨大宇宙船（UFO）との遭遇

「地球が進化するときはいい魂だけを残す」という神様のメッセージを先ほどお伝えしました。では、きれいな魂を持つ人びとは、最後の日にどのようにして救われるのでしょうか。

「ノアの方舟」伝説をご存知の方も多いでしょう。あの時代にも終末を告げる教えを指導者たちが説きましたが、ほとんどの人が笑い飛ばし、ある日突然起こった大天変地異で滅びてしまいました。それと同じような時期を迎えようとしているいま、最後の日には空一面にＵＦＯが現れ、魂が磨かれた人たちを助けると神様はおっしゃっています。

実は私は、十七歳のとき、ゆきちゃんという同級生とともに巨大な宇宙船を見たことがあります。ある日の夜に彼女と家の近所を歩いていたときです。突然、山と山の間に東京ドームほどもあるとても大きなＵＦＯが現れ、東から西へ音もなく移動していくのが見えました。そのＵＦＯはオレンジやピンク、パープル、グリーン、イエローなどの美しい光を放ち、私たちをくぎづけにしました。そして、あまりの美しさに時を忘れて見とれていると、パッと消えてしまったのです。その瞬間に「このＵＦＯはこの次元のものではない。人間がつくったものではない」と感じました。あれほど大きな物体が音もなく浮かび、一瞬で消えてなくなるということは通常、この世では考えられないことだからです。

壮大なＵＦＯが目の前に現れたことで、「何か意味があって見せられたのだ」と思いました。そして、「あの大きなＵＦＯに比べると、人間はなんてちっぽけな存在なんだろう」という思いが頭をよぎりました。確かに最初は驚きましたが、そのＵＦＯは平和的な波動で、私たちを攻めるものではなく助けてくれる存在だということもわかりました。

数年前にゆきちゃんと再会した際、宇宙船を見た話をしたところ、やはり彼女も覚えていました。ところが、ＵＦＯの姿かたちなどの詳細な記憶はどうしても思い出すことができないと言います。

一方の私は、宇宙船の姿をいまでもはっきりと覚えています。さらに、彼女とUFOを見た後日、神様から中の様子も見せられました。UFOの内部は小部屋で仕切られていて、共有のスペースには椰子の木を模した造花が飾られ、レストランやプールのような憩いの場もありました。まさにホテルのような快適な空間だったのです。

のちに神様から教えられたのですが、私たちが見たのは母船（マザーシップ）と呼ばれ、何千人もの人が乗れる宇宙船だったようです。そして、当時の私が感じたように、彼女と見た宇宙船はこの次元のものではなく、四次元空間での乗り物だということも教えていただきました。また、他にも五十～八十人乗りや三十～四十人乗り、五～六人乗りの宇宙船（ぎゅうぎゅう詰めではなく広いスペースがとられている）もあり、それらはマザーシップまで運ぶ役割をすると神様はおっしゃっています。

その後も空を見ると、葉巻型やヘリコプター型、飛行機型などのUFOをたびたび目にするようになりました。ビデオに撮影して友だちに見せたこともあります。

巨大宇宙船との遭遇について、神様から次のようなメッセージもいただいていま す。メッセージの最後に記されているように、神様はこのお言葉を、私を通じてみなさんに届くことを望んでいらっしゃるのです。

神様からのお言葉

あれはSF映画のワンシーンではない。
いま、自分の目の前で起きている現実を見て、
決して自分を見失わないように。
見せる必要があったからあなたに見せました。

あなたにです。
いまは、一部の人にだけしか全容を見せられませんが、
近い将来、必ず全人類が、
この巨大宇宙船を目の当たりにすることとなる。
時が来たら…そのときは誰も疑うことはない。
自分の肉眼で見れば信じざるを得ない。

地球を侵略したり、脅かしたりするために
巨大宇宙船が現れるのではない。その逆です。
地球というこの星を助けるために宇宙船は現れる。
いま地球が…いいえ、宇宙が進化する時期を迎えました。
この星（地球）が銀河系へ及ぼす影響は大きい。
宇宙のバランスを崩さずに次の段階へと進ませたい。
地球本来の美しい姿へと戻すために一度、

地球をクリーニングします。

そのとき、地球に置いてある、地球にとって大切なものを一旦、
あなたが見たこの巨大な宇宙船の中へ詰め込みます。
ただそれだけのこと。

つまり、宇宙船は物置のようなものとして使うんですよ。
何も複雑に考えることでもない。すべてシンプルなんです。
人間たちが、暇つぶしにいろいろなことを
複雑につくり上げている場合がほとんど。
それに惑わされない自分でいてくださいね。

一緒に新しく進化した地球を創っていきましょうね。
楽しいじゃないですか。
いま、このときに生まれたこと、決して後悔はしませんから。

全人類に伝えてくださいね。必ず、必ずですよ。

第四章　魂を磨くことの大切さ

未来予知を見せられた意味

私は二十代のころから未来を夢で見せられてきました。阪神大震災もいわゆる予知夢として見せられました。そのときは、明確に日にちや場所が教えられたわけではないのですが、大震災が起こる前年の秋頃から立て続けに三度、大地震の夢を見たのです。続けて夢を見せられるときは、これまでの経験上、それが近々起こることを意味していました。よって、周りの友だちには、もうすぐ日本で地震が起こるので、非常用持出袋とヘルメット、靴などを枕元に置いて寝るよう伝えていました。そして、年が明けた一九九五年一月十七日、阪神大震災が起きたのです。私は当時、愛知県に住んでいたのでそれほど大きな揺れではありませんでしたが、長い地震だったために「これだ！」と思いました。テレビで神戸の惨事を見ると、やはり夢で見せられた状況と似ていたのです。

名古屋空港で起きた中華航空機墜落事故では、「一九九四年四月二十六日」という日にちまで教えられました。場所まではわからなかったのですが、〝身近な所〟で、その日に飛行機が墜落し炎上する予知夢を見たのです。ちょうどそのころに父が中国に行くことになっており、渡航を延期してもらうように伝えたほどです。結局、父は二十六日をはさんで中国に行っていたので無事でしたが、墜落した場所が当時住んでいた家の近くの名古屋空港だったことには驚きました。「身近な所で…」とはそういう意味だったのです。

八年ほど前に実家に泥棒が入ったときも、予知夢で事前に知らされました。実家に強盗が侵入し、追いかける夢を何度も見たのです。父に「実家が強盗に狙われているので気をつけてほしい」と伝えたところ、父と母が交代で夜中に起きて見張りをすることになったようです。父に伝えた四日後、夜中の三時頃のことです。父が起きていたときに勝手口のほうから「カチャッ」という音が聞こえ、急いで見にいったようです。すると、勝手口のガラスのドアが破られ、防犯ライトも点灯した状態だったといいます。誰かが侵入しようとして、逃げ去ったあとだったのです。私は「夢の中で犯人の車のナンバーを見て、それをひかえているので警察に通報しよう」と父に伝えましたが、「自分で確認したわけではないので、さすがにそれはできない」とのこと。後日、その犯人は逮捕されました。

車が故障する予知夢を見せられたこともあります。車が炎上する夢を何度も見たのでガソリンスタンドで点検してもらったところ、どこもおかしなところはないと言われました。それでも同じ夢を見続けるので何度か車の簡易点検を受けるものの、悪い箇所はいっこうに見つかりません。「何かあるのだろうか…」と思いつつも、そのまま車に乗り続けていました。

そんなある日のことです。子どもを車に乗せて遠方に外出していたとき、高速道路に乗ろうとしたのですが、夢を思い出して一般道路を走り続けることにしました。すると、なんと目的地に到着したと同時にボンネットから煙が噴き出したのです。もし高速に乗っていたら、走行中にエンジンが炎上して取り返しのつかない目に遭っていた可能性があると、車の救援に来ていただいたJAFの方に言われました。神様は予知夢で何度も警告を与えてくださっていたのです。簡易点検で済ませるのではなく、きちんとした修理に出しておくべきだったと後で反省しました。

私は予言をすることが使命ではないので、すべての事件や事故、災害などを正確に言い当てられるわけではありません。何か意味があるときにのみ、夢や光景という手段を用いて神様が私に教えてくださるのです。私が震災の夢を見せられたのも、世の人びとに神様のメッセージを代弁するためです。

多くの人の思いが集まると、大きな力になる

私はこれまでに、今後地球に起こることのすごさを何度も未来予知で見せられてきました。富士山の噴火の夢は三回、大津波は五回、疫病は三回、大地震は五～六回、この世が終わる日は十回ほど、そして人びとが生き残ったあとの様子も六～七回見せられています。神様による地球の大掃除が起こることはもう避けられないとしても、それらを多くの人びとに伝えることで、お互いに魂を磨いて心を高め、次の文明に行ける人を増やそうとみんなで祈ることならできると思うのです。

〝祈る〟というのは、何も宗教的な祈りということではありません。一人でも多くの人が同じイメージを共有しながら、「こうなってほしい」と心から望むことで、物事がその方向に動き出すことがあると思うのです。

神様がよくおっしゃいます。一人より二人、二人より四人、四人より十人、十人よりも百人と多くの人が同じ思いを持つことで、その思いの力は何倍にも膨れ上がります。一人よりも百人で同じことを強く思えば、それは百倍よりももっと大きな力が生み出されるのです。

極端なことを言えば、いまこの地球上のすべての人びとが「戦争がなくなってほしい」と心から望めば、戦争はなくなります。当然だと思われるでしょうか？　しかし、例えば地球上のすべての人が心を入れ替え、「地球の温暖化をストップさせたい」と強く望むことで、温暖化は本当に止まると思うのです。実際には、いまの人間の魂ではそれは難しいと神様が判断をなされたので、地球を進化させるとおっしゃっているのでしょう。

ただ、人びとの魂が良い方向に向かうよう、みんなで一心に祈ることで、神様がおっしゃる現在の地球文明の最後の時期を引き延ばすことができるのではないかと思っています。いずれにしても、一人でも多くの人の心が一つにまとまり、同じ思いを持つことで未来を変える力があるということを神様は教えてくださっているのでしょう。

地球規模の大きなことでなくてもいいのです。助け合いという言葉があるように、例えば「街の犯罪をなくそう」と地域で協力して願い行動することで、きっと思いは叶います。一人の人間の思いは、確かに小さなものかもしれません。しかし、多くの人の思いが集まると、大きな力になるのです。私が神様より教えていただいた地球の未来の姿をみなさんにお伝えすることで、一人でも多くの人の心が正しい方向に向かい、一致団結することを願っています。

心の栄養が足りない現代の人たち

助け合いということに関連して、もう一つお伝えしたいことがあります。いま薬物乱用が問題になり、世の中を騒がせています。社会では一般的に薬物依存者や乱用者を検挙したり逮捕することで解決に向かうと思われがちですが、それだけでは薬物に手を出す人の数は減りません。その人がなぜ依存したのかを知り、理解し、原因を取り除いてあげない限り、また同じことを繰り返すのです。

薬物依存に陥る人の多くは心の寂しさや心の疲れから、つい手を出すことが多いようです。これは自分たち人間社会がつくり出した心の病です。

「困っている人や一人で寂しそうな人を見かけても、手をさしのべようともせずに知らん顔をする人」「むしろ面倒なことには関わりたくないとさえ思っている人」――神様は、こうした身勝手な考えの人間たちが多くなり、利他愛の精神とは程遠い世界をつくり上げていく怖ろしさに誰も気づいていないと警告を与えられています。

薬物に手を出す人は心の栄養が足りないのです。だから、まるで栄養ドリンクやサプリメントでも飲むかのような感覚で薬物を体に入れ、心の栄養の不足分を補おうとしています。神様はおっしゃいます。「これも終わりのときが近いという知らせでもある」と。

私たちは利他愛の精神で人に尽くし、他の人を思いやる心を持つことが大切です。私を通じて神様の言葉をお伝えすることで、寂しい人や困っている人に手をさしのべる社会へと変わるきっかけになれば幸いです。

「宗教を統合せよ」というメッセージ

いまから六年前の八月の終わり、ちょうど自宅の庭の水まきをしていたときのことです。まさに〝天の声〟と呼ぶにふさわしい声音で「宗教を統合せよ」というメッセージが空から聞こえてきました。私にはその意味がわからなかったのですが、最近、神様から届いたあるメッセージによってようやく理解できました。

私のもとに相談にみえる方の中にはさまざまな宗教を信仰されていることも多いのですが、何かのトラブルを抱えている方も少なからずいらっしゃいます。そうした方から相談を受けるたびに、その宗教に入らなければ救われないということに対して疑問を持っていました。〝信仰している宗教でなければその人を救うことはできない〟ということに違和感を抱いていたのです。

しかし、あるとき、神様からこのようなメッセージをいただきました。

神様からのお言葉

救われの道に、お金も政治的権力も一切必要ない。

立場（地位、名誉）も必要ない。

神から見れば、みなかわいい我が子。何も特別はない。
神は、人間に対して権限を持つようにと教えてはいないし、
人間が人間を裁いてはならない。

宗教はいろいろあって当たり前。
それぞれの辿ってきた道が違うだけで、
行き着く先はみな同じ所だから。
一番重要なことは、信仰を持つということ。
その心が一番大切。
素直な心で神を信じる。
そして日々、
魂を浄めていく努力をしていることが肝心。

この神様の言葉によって、どの宗教に属していても、それを信仰している人自体には間違いはないことを教えられました。正しいことを伝えている宗教であれば、何を信仰していようと、それで魂が汚れることはないのです。そこで懸命に魂を磨く努力を続けることは決して無駄なことではなく、その方法が異なるだけで行き着く先は同じなのです。

正しいことを伝えている宗教であれば、どの教団に属する人も信仰を持つこと自体が素晴らしいこと。そして、通り道が違うだけで行き着く先は同じ場所です。「宗教を統合せよ」というメッセージには、そうした意味が込められていたのです。

人の体の悪い部分がわかる

卵巣腫瘍を自らの手で消した話を第一章でお伝えいたしましたが、自分の体だけではなく、意味があって神様が見せてくださる場合のみ、人の体の悪い部分がわかるときがあります。例えば、父がかつて大腸癌に苦しんだときは、その部分が黒く見えたのですぐにわかりました。悪性の腫瘍のときは黒ずんで見え、良性の場合は肌色に見えることが多いのです。

病院で大腸癌と宣告された父は、手術後は人工肛門をつけることになると医師に言われて思い悩み、私のもとに相談に来てくれました。すでに大腸の癌細胞は肝臓にも転移しており、状態はさらに深刻でした。父は薬剤師ですので、自分の体の状態をある程度は理解していたのだと思います。私は一週間付きっきりで集中して手当てを施しました。父の体に手を当てていると、癌が次第に小さくなるのがわかります。癌は深く根を張っているものなのですが、手当てを施すことで次第に根が浮いてきます。それに伴い、癌の大きさも少しずつ小さくなるのです。父の癌も日を追うごとに快方に向かっていました。

ところが、あと少しで手術をする必要がなくなるという状態まできたときに、手術の日が訪れてしまいました。すでに日程を決めていたので受けるしかなかったのです。「あと一週間したら手術を受ける必要もなくなるから…」と、病院にキャンセルを申し出るよう父に伝えましたが、そこまで信用することはできなかったのでしょう。結局、手術を受けることになったのですが、当初は医師から手術に約六時間必要と言われていたところ、実際には一時間半で無事終了したようです。腫瘍が小さくなっていて、簡単に取ることができたのです。その結果、人工肛門をつける必要がなくなったばかりか、なんと肝臓に転移していた癌細胞は消えてなくなっていたのです。医師もとても驚かれたようです。手術後は一カ月の入院が予定されていましたが、十日で退院です。とても喜んでくれた父は、「こんな奇跡が起こった」と医師や歯科医などの知り合いに伝えたり、所属するロータリークラブで自身の体験をみなさんに紹介したようです。父は本来、目に見えない世界のことは口にしない人なので、周りの人たちも真剣に耳を傾けてくれたようです。

直接会うことなく、その人の体の悪い部分が見えることもときどきあります（神様に許された方のみ）。例えば、電話で話をしているときでも、「この方は体のこの部分の調子を崩しているな」というのが見えることがあるのです。

さらに、こんな不思議なこともありました。あるとき、もうすぐ二歳になる知り合いのお子さんが私を呼ぶ声が聞こえました。そのお子さんはまだ小さいので言葉をうまく話せるわけではなく、私の近くにいたわけでもないのにです。その子が、「ねえ、僕のお母さんが貝を食べさせてくれないんだ。僕は貝を食べたいんだ。貝を食べないとフラフラになるんだよ」とテレパシー交信のように訴えてくるのです。

私には何のことかわかりません。でも、その子は私にしきりに訴えてくるので、とりあえずお母さんに電話をしました。「信じてもらえるかどうかわからないのですが…」と前置きをした上で、お子さんからのメッセージを伝えました。すると、「それはうちの子どもに間違いないです！」と驚かれています。話を聞くと、貝は塩分が強いので食べさせたことがないとのことでした。

実は私が電話をした直前、お子さんが高熱を出し、熱性痙攣《けいれん》で家族がパニックに陥っていたところだったようです。そのことを聞いたとき、お子さんが私に「僕は大丈夫だよ」というメッセージを送ってきました。それをお母さんに伝えるととても安心されていました。

後日、話を聞くと、お子さんを病院に連れていかなくても大丈夫だったようです。さらに、意識して貝を食べさせるようにもなり、子どもが喜んでいるということでした。

病気の原因は二つ

病気の原因は二つあります。

一つは霊的原因です。癌の場合、多くは霊的なことが原因だと神様はおっしゃっています。このような場合、肉体の回復の見込みがある間であれば、霊をきるか、諭してあげること（体にとりついている霊の話を聞いてあげて納得させ、その方の体から離れてもらうこと）で、病気がよくなる場合があります。ちなみに、胃腸や消化器系の癌の場合、その方のご先祖様の霊が体についていることが多いものです。また、癌で亡くなられた方の霊がつくと、同じ癌になる場合があります。あるいは、自分の前生（世）の行いによって癌になっていることもあります。

もう一つは肉体的原因です。そもそも人の体は寿命まで生き、病気をしないように神様の手によって創られています。しかし、現代人はさまざまな毒を体に入れて生きています。それが臓器などに蓄積して固まり、やがて臓器の機能を壊していくのです。このような肉体的なことが原因の場合、体の毒を出せば病気をすることはありません。

肉体的病気の中には心が原因になっていることがあります。そうした場合は自らの行いを反省し、正しい生き方に変えることで病気が快復に向かうこともあります。私は心の原因を突き止めて、反省すべき点をお伝えすることはできます。そして、肉体的なことは医師による診断に従っていただくようにしています。

前述したように、毒がたまっている場所も人によってはわかります。肺や肝臓など、どの部分に毒が多いのかが透けて見える場合があるのです。毒がたまる場所は癌が出来やすい場所でもあります。生まれ持って弱い部分が誰にでもあります。自分の体の弱い部分を知り、日ごろから用心して体を気遣うことが大切でしょう。

排気ガスなどが充満した都会では、息をするだけで毒がたまる状態です。いまの時代は生きているだけで放射能を浴び、電磁波によって体のリズムを崩されています。「これらは人間が築き上げた文明の病気である」と神様はおっしゃいます。すでに人の手では防ぎようのない状態まで地球全体が汚れてしまったのです。

私は人についた霊をきることもあれば、体の毒素を溶かす手当てを施すこともできます。神様にお願いをして、毒のたまった部分に手を当てると、毒が溶けていくのです。

もっとも、これは病気を治すために与えられた能力ではありません。こうした奇跡を人びとにお伝えすることで、神様の存在を一人でも多くの方に知っていただき、早く心を入れかえて正しく生きる道を選んでいただきたいのです。それが結果として、一人でも多くの方を救う道であると信じています。

人はすべてつながっている

実は私は、自分のオーラで指輪が曲がってしまうときがあります。指輪の素材は問いません。厚く硬い材質のプラチナリングでも変形してしまうのです。修理に出すと「そんなことはあり得ない」と言われるのですが、現に曲がってしまうのですから仕方がありません。これまでに修理代にいくらかかったことでしょう。

変形するのはオーラが影響しているとわかったのは、ある日本の有名マジシャンのショーを観ていたときでした。ショーを見終わって拍手をしているとき、指輪が一気にグニャッと曲がってしまったのです。気分が高揚しているときはオーラの力もより強まり、指輪が曲がりやすくなるのでしょう。

私がマジックを見にいったのは、経営していた英会話スクールの外国人教師がホームステイ先としてお世話になっていた歯科医の先生がきっかけです。その先生は歯科医師でありながら、マジシャンとしても活動している珍しい方で、イギリスのテレビに出演するほど有名な方でした。その先生のもとには、住み込みでマジックを勉強しているお弟子さんがいました。ちなみにその方は、いまでは誰もが知る日本の超有名マジシャンです。先生からお弟子さんのマジックの話をよく聞かされていたので、実際にショーを見にいってみたいと思ったのです。

「歯医者かマジシャンか、本業はどっち?」と疑いたくなるような先生だったのですが、英会話スクールの生徒を引率して訪れたオーストラリアで、偶然とは思えない不思議な経験をしました。オーストラリアに行った際によくお世話になっていた日本人の作家の先生がいらっしゃったのですが、その方に日本人マジシャンの知り合いがいることがわかりました。「私にも知り合いがいます」と作家の先生にお伝えし、お互いにマジシャンの名前を言い合うと、なんとその歯科医の先生だったのです! 話を聞くと、作家の先生と歯科医の先生は釣り仲間だとのこと。岐阜の歯科医の先生とオーストラリア在住の日本人作家の先生が知り合いだなんて、誰が想像するでしょうか?

神様はよく、「すべてが一体である。すべてがつながっている。何も物事を切り離して考えることはできない」とおっしゃられています。その意味がこの経験でわかりました。人は目に見えないところですべてつながっているのです。

世の中には、生涯の伴侶に先立たれ、孤独に生きている人も多いと思います。これは現界的には孤独なように思うのですが、本当は決して一人ではありません。誰でも自分の後ろには背後霊が五人ついています。目には見えませんが、そうした霊的存在に見守られて生きているのです。

こうした話をご高齢の方々にお伝えすると、「今日から寂しい思いをせずにすみます」と言って喜んでいただけます。例えば、お一人で生活されている方には、ご自身の中で霊的存在に話しかけて答えを求めてくださいとお伝えしています。さらに、もし答えが返ってきたと感じたら、その言葉をぜひ書きとめてくださいとも申し添えています。自らの問いかけに対して返ってきた言葉は、ご先祖様や神様のお言葉である場合もあるのです。

ただし、邪霊がしゃべりかけてくることもあるので注意が必要です。神様は人間にわかりやすい普通の言葉で話しかけてくださいます。もし、神を連想させるような壮言とした言葉で話しかけてくる場合、それは霊力の強い天狗や白狐、もしくは神様ではない霊が神様になりすましている場合がほとんどです。

目に見えない人と話をするのは、おかしなことでも何でもありません。そこに本当に重要なメッセージが隠されていることもあるのです。「何となくそんな予感がする」「いま何か聞こえた気がする」などとピンと感じたら、思い過ごしだと考えず、一日を振り返るなど、その言葉の意味を深く考えてみてください。自らを霊的に見つめる機会になり、より有意義で充実した人生を送るきっかけになります。

体に「ありがとう」と感謝する

子どものころに布団の中で手を合わせていた習慣に加えて、実は子どものころから眠る際にもう一つ行っていたことがあります。それは、体に感謝することです。例えば「お目さんありがとう。お口さんありがとう。お耳さんありがとう」と、体のパーツの一つ一つに感謝の言葉を投げかけるのです。感謝の対象はやがて体の細部にまで至り、いつしか「肝臓さんありがとう」「脾臓さんありがとう」と臓器にまで「ありがとう」を伝えていました。誰に教えられたわけでもないのですが、そうやって体に感謝することで、安心して深く眠りにつくことができたのです。

このように、自らの体に感謝するのはいまでも続いています。もっとも、体に限らず、世の中の物事に感謝するのは素晴らしいことです。親への感謝、夫や妻への感謝、周りの仲間への感謝、仕事への感謝、そして自分自身への感謝…このように、自分の周りのすべてのものに対して心から感謝することで世の中が浄化され、慈愛に満ちあふれた幸せな世界に変わります。これは、宇宙の法則で定められた真実です。このような人智を超えた法則を知り、素直に実行することで、幸せな人生を歩むことができるのです。もしもいま体調が悪い方がいらっしゃれば、その箇所に意識を集中して感謝の言葉を投げかけてみてはいかがでしょうか。

「感謝」をすることに対して、神様よりメッセージをいただいていますので、みなさんにもお伝えいたします。

神様からのお言葉

みなさんは、本当の感謝というものがわかっていませんね。

感謝の言葉をただ並べ立てれば

感謝できていると勘違いしている者もいます。

ただ、ありがたいと思う気持ちがあるから、

自分は感謝できていると思い込んでいる場合もあるのです。

そんなものではないのですよ、感謝とは…。

心から本当の感謝をしたとき、
「ありがたい」という感謝の気持ちが
こみ上げて涙が出てきます。

みなさんは、まだそこまでの感謝ができていません。
すべてに本当の感謝の気持ちがあれば、
相手を傷つけることなどありませんよ。

人に対しても、自然に愛がわいてきます。
愛と感謝、これらは意味は異なりますが、
気持ちの上では共通点があるのです。

みなさん、早く心から感謝のできる人になってください。
愛が持てるように…。

すべてを神は常に見ているのだということを忘れず、

自分を律し、毎日自分の周りのものすべてに
　心から感謝するのですよ。
そうすれば自然に下座ができ、ゆるぎない和ができてきます。
　いさかいのない日常生活は魂を浄めます。
人のため…人のためだけに生きるのですよ。
それが至福の幸せへの一番の近道なのです。

神様からのお言葉

今生の親への感謝がうすい人が増えている。
どんな親であっても、それは、君たちに必要があるから
その親のもとに生まれさせたんだよ。
こんな親は、イヤだ。こんな親じゃない方がよかったなんて
いつまでも思わず、もういいかげんにあきらめなさい。
いまさら今生の親を変えようたって変えられないからね。
今日から、一日一回、親に対して感謝の言葉を言いなさい。
親と一緒に住んでいない人、なかなか会えない人は、
毎日でなくてもいいんだが、一週間に一、二回は、

電話やメールで感謝の言葉を伝えなさい。
これをすることで親子の愛がわいてくるからね。
続けてみなさい。親の君たちに対する態度や言動が
変わってくるから、楽しくなるよ。

直接言うのが一番いいんだが、
どうしても面と向かって言えない人は、
手紙でもメモ書きでもいいからやりなさい。
親への感謝の気持ちと神への感謝の気持ちは似てるからね。
いいですね。必ず今日から実行するのですよ。

それからね、結婚している人たちなんだがね。
自分たちが、今生結婚できたということに対して
心から感謝しているかね。

いい年になっても結婚できない人も多いんだよ。
　その中で自分たちは結婚できたんだ。
　もちろん相手は、必要があって神が与えた相手なんだよ。
　相手に対して「結婚してくれてありがとう」と毎日言っているかね。

　自分が相手に対して不満があるときは、
　相手も自分に対して不満があるんだよ。
　お互い今生は違う環境で生まれ育った他人なんだから、
　わかり合えるまでには何十年とかかるのは当たり前だよ。
　金婚式をするころ…結婚後五十年くらいたって
　やっとわかり合えるんじゃあないかね。
　そこへたどり着くまでは、お互いに相手を思いやり、
　気遣い協調し合う努力をしていかなくっちゃ、
　普通は、うまくいかなくなるよ。

相当な努力が必要なんだよ、
結婚生活を継続させていくということはね。
結婚している人たちは、今日から相手に対して、
感謝の言葉を一日一回言いなさい。
これも必ず実行していってくださいね。
口に出しているうちに、
感謝が心からわいてくるようになるから続けなさい。
いいですね。

神様のお言葉の中に出てきた「愛」に対して、次のようなメッセージをいただいています。感謝することとあわせてお伝えいたします。

神様からのお言葉

愛する努力をしなさい！　と言っても、
相手を簡単に愛せるものではない。仮に愛せたとしても、
それは本当の愛ではない。
本当の愛とは、内面から自然にわき出してくるような、
自分では止めようと思っても止められない、
次から次へと愛しいという思いが出てきてしまうような、
そんな気持ち、無理なくあふれ出る感情なのです。

愛する努力をして愛したものは、

もう愛するのをやめていいと言われれば、いつでもやめられる。
本当の愛とは、そんなものではない。
みなさんは、まだ奥深い愛がわかっていない。
神が人間を思う愛もわかっていない。
愛と愛情も違う。愛に情など必要ない。
ただの無償の愛でいいんだ。

夫婦間の愛は、愛情の人が多い。
いままで一緒に暮らした情、共通の子どもを持った情などさまざまだが、
その情を愛だと勘違いしている夫婦も結構いるが、
そんな愛情で相手の心は動かないし、一生かかっても動かせない。
自分の魂が本当に愛に目覚めるためにと祈り、努力しなさい。
本当の愛がわき出してくるようになれるよう
早く浄まりなさいよ。

神様に「行ってきます」とごあいさつする

十六歳ごろになると、家を出る際に神様にごあいさつするようになりました。例えば、朝寝坊して急いで家を出ようとすると、「行くのか」という声が聞こえてくるのです。当時はご先祖様のメッセージかなと思っていたのですが、それはのちに神様の声だということを教えられました。

家を出る際にはいつも立ち止まり、西の空に向かって手を合わせ、「それでは行ってまいります。無事に帰ってくることができますように」とごあいさつしていました。なぜ西の空なのか、その理由はわかりません。ただ、どの方角を向いたらいいのかわからないので、いつも西の空に向かって手を合わせていたのです。家族に見られるのが恥ずかしいので、誰にも見つからないように毎日お祈りを捧げていました。

二十歳のころは正直、面倒くさいと思ったこともありました。いまではそれはとても失礼なことだというのがわかるのですが、当時は「なぜ出かける前にそんなことをしないといけないの？」と疑問に思うこともあったのです。

しかし、神様から「家を出るときにあいさつするのは礼儀である」と言われたり、「あいさつして出かけるのとそうでないのとでは守りようが違う」と言われたこともありました。それ以来、「あいさつせずに出かけると守ってもらえないかもしれない」と怖くなり、きちんとごあいさつをするようになりました。こうしたことを周りの友だちに言うと「おかしい」と思われるに違いないと思い、誰にも明かさずに黙っていました。

しかし、考えてみてください。そもそも出かける前にごあいさつすることは、ごく当然のことです。家を出るときに「行ってきます」、帰宅したときに「ただいま」とあいさつするのは大切なことです。やはり、家族はもちろん、神様に対しても、守ってくださる方々に対してきちんとごあいさつするのは当然の務めだということに気づかされました。それ以来、神様へのごあいさつを続けています。

妊娠五カ月目に魂が宿る

子どもを授かったときにとても不思議な経験をしました。妊娠五カ月目に入ったころです。ふと夜に窓の外に目をやると、黄緑色のやさしい光がふわりふわりとこちらに向かってくるのが見えました。そして、光がすーっと私のお腹に入っていったのです。「いま赤ちゃんに魂が入った」と思いました。その光はとてもやさしい色だったので、「お腹の中の赤ちゃんもきっと自然体でやさしい女の子だろう」と確信しました。翌日には、つわりがぴたりと止まりました。生まれた赤ちゃんは、やはりとてもおとなしく、やさしい女の子でした。

二人目の男の子を妊娠したときも同じ経験をしています。同じく妊娠五カ月目に入ったとき、夜中にふと目を覚ますと、真っ赤な光がものすごい勢いでこちらに向かってくるのが見えました。そして、真っ赤に燃えるような力強い魂が「ドカン！」

と私のお腹に入ったのです。力強い男の子だと確信しました。
神様に教えていただいたのですが、妊娠五カ月目にお腹の中の赤ちゃんに魂が宿るとのことです。妊婦さんは五カ月目を迎えると安定期に入り、母子手帳をもらいますよね。これは、「もう赤ちゃんに魂が入ったので安心ですよ」という神様からのメッセージなのです。人間が決めたルールのようですが、実は神様の教えにかなった真実だったのです。私のお腹に魂が入ったのも妊娠五カ月目を迎えたころですので、神様の教えを身を持って体感することになりました。

実は娘を出産したとき、看護師さんを不思議がらせたことがあります。私が娘を産んだ日は偶然にも出産が重なり、ベッドの空きがなくなってしまいました。看護師さんからは、産後であるにもかかわらず「陣痛室で一晩過ごしてほしい」と言われたのですが、私にはなぜか四〇九号室に入ることがわかっていました。出産前に受けた妊婦教室で、ふと目にした四〇九号室がとても気になっていたのです。だから看護師さんに、「私は四〇九号室に入ることになっています」と言ってしまいました。気になった看護師さんが部屋を見にいくと、今度は婦長さんが慌てて私のもとに駆け寄り、「誰かに聞いたのですか?」と不思議そうに尋ねてきます。話を聞くと、四〇九号室に入院していた人が、たったいま退院の許可が出たというのです。私が事前に知る余地がないので婦長さんも首を傾げています。私はというと…「なぜかそんな気がしたもので…」とお茶を濁しておきました。

良い想像をすれば、良い未来が創造できる

私は二十代前半に英会話スクールの経営を始めたのですが、実はそのころに貧乏生活を余儀なくされたことがあります。一週間の食費が五百円という状況まで追い詰められました。電気、ガス、電話、新聞を止められ、ロウソクの灯りで過ごす日もありました。お湯が出ないことに加え、水道代も節約するため、お風呂に三十センチ足らずの水を溜めて入ったこともありました。すでに親元を離れて自立した生活を続けていたのですが、経営が思うようにいかずに苦しい生活を余儀なくされて

いたのです。特売のキャベツを買って空腹を満たしていたことが思い出されます。キャベツは安いわりに栄養もあり、何よりもお腹が膨れるのです。貧乏生活で身につけた生活の知恵といえるかもしれないですね。

そうした生活を続けているときに神様からいただいたのが次のメッセージです。

神様からのお言葉

あなたは、いまのこの貧しさを楽しみなさい。

お金があってはできない生活ができることに喜びを見出すのです。

この貧しさもあなたにとっては…

いえ、あなたの人生において最大のチャンスだと

発想を転換することで先が開ける。

光が見えてくる。

「こんな貧乏な生活はみじめだ！」
「こんな生活はもういやだ！」と
思えばしめたものです。
この貧乏トンネルから抜け出すには、
何をどうしていけばいいのかを
寝る時間を割いてでも具体的に考えるように。
決して陰のエネルギーに引っ張られないように
（陰のエネルギーとは犯罪や悪いことで
お金を稼ごうなどと思わせること）。
陽のエネルギー、つまりプラス思考で考え、
その結果、自分がこんなにすばらしい暮らしを

していると イメージしてみなさい。
頭の中で思い描いてみるのです。
イメージがわいてこなければ、「この人のようになりたい」と
思う人の写真を見たり、絵を描いてもよい。

次に具体的に考えたことを実行してみる。
そして、努力をし続けるのです。
少し努力し、根を上げるようなことではダメ。
三年は努力してみる。
必死に三年間はやり続けようと決意する。
すると、必ず光が見えてくるはずです。
貧しい暮らしも意味があり、
必要だからこそ自分に与えられた試練なのです。

あなたは物質的には貧しくても、心は豊かでいられます。
これは唯一、人間たちに与えられた自由意思（志）。
心は自由なのです。想像も自由。
良い想像をしていれば、必ずや未来で良い創造ができる。
想像したことがかたちとなり、
自分の目の前に帰ってきます。本当です。

いましかできないこの貧乏生活を思いっきり楽しみなさい。
なぜなら、このトンネルを抜け出したときから先、
あなたは二度とこんな生活をすることができないから。
このみじめさは二度と味わいたくないと思い、
人一倍努力し続けるからもとには戻れません。
あなたは、次のステップへと進んで、進化していきます。

この神様のお言葉に本当に勇気をいただき、貧乏生活を楽しむことができるようになりました。正直、英会話スクールの運営も行き詰り、生徒さんが五十人程度から増えない時期が続いていたのです。

「このまま続けていいのかな。もうスクールを閉めて他の仕事をした方がいいかもしれない…」と弱気になっていた私は、神様がおっしゃるように「とりあえず三年はがむしゃらになってやってみよう」と心を決め、空いた時間に企業に営業電話や訪問を精力的に行うなど必死の努力を続けました。睡眠時間も三〜四時間しかとれず、文字通り身を粉にして働き続けたのです。すると、次第に大手企業さんや病院などから講師の依頼が次々と入り、三年目を迎えたころには生徒さんの数も二百五十人程度まで増えていました。神様がおっしゃるようにプラス思考で理想の未来を想像することで、本当に思い描いた良い未来を創造することができたのです。

英会話スクールを止めようかと悩んでいた当時の私は、「仕事に失敗した」と思い込んでいました。しかし、「失敗」ということに対しても、神様は次のような言葉で励ましてくださいました。

神様からのお言葉

人間たちは、「あれは失敗だった」
「やったが失敗に終わった」とよく口にします。
中には、本当の失敗もありますが、
大半は自分自身で失敗をつくってしまっている。
言い換えると、失敗したと自分で思い込み、
その物事にピリオドを打って
簡単にあきらめてしまっている場合が多いということです。

失敗とは、自分がこれ以上はもう無理だと
あきらめた時点で失敗となる。
どんなことでも、いつまでもあきらめず、
やり続けることで失敗はなくなる。
なかなか目標達成ができなくても、
それは成功へと進んでいる途中の過程であって、
失敗ではない。

決してあきらめないという勇気を身につけなさい。
そして、努力し続けることで、
必ず成功は近づいてきます。必ずです。
そして、失敗しない人生を
自分自身でつくり出していくことができます。

あきらめずにやり続ける限り失敗はない――。この言葉は、仕事で行き詰まりを感じたり、何か人生で悩みを抱えている方にとって、とても心に響くメッセージだと思います。このように、私たちは日々の生活で努力をし、魂を磨き続けることが大切なのです。きっと神様は、あなたの努力をやさしく包み込むような眼差しで見てくれていることでしょう。

また、物事をあきらめずに成し遂げることについて、神様から次のようなお言葉もいただいています。目標に向かってまい進している人に送るメッセージです。

神様からのお言葉

何かを成し遂げるため…目標を達成するためには、
苦しみが伴うのは当たり前だと思っていませんか？
これは、仕事でも他のことでも言えることです。
本当に自分がやりたいことをしているときには、
苦しみは伴いません。楽しいはずです。

あなたが苦しいと感じるのは、
本当に自分がやりたいことをしていないからです。
自分の魂が求めていることをしていないんです。
それでは、パワーもわいてこず、

いつまでたっても目標は達成などできず、
ただ疲れるだけです。

そこには、何の希望も前進性も見出せないのです。
あなたが楽しいと感じることをしているとき、
そのときには、何の苦労や苦痛を感じることもなく前進でき、
楽に目標が達成できます。
楽しいと感じることで、すごいパワーが生まれ、
難なく、物事を成し遂げることができてしまい、
自分でも驚くほどのことも簡単にできるのです。

あなたの中にある「苦しい」を「楽しい」に切り替えなさい。
それだけのことなのです。
自分で自分の心をコントロールするだけで…

心を変えるだけで暗闇が光り輝く世界へと
一瞬で変化するのですよ。

これは、人間たちに平等に与えられたチャンスなのですよ。

誰にでもできることです。どんな人にでも…

せっかくこう教えても、

「心なんて、そう簡単に自分でコントロールできないんだ！」

「どうしたら心を変えられるの？」

「私には悪いクセもあるけど、そんなもの簡単には直らないんだ」

と思ってしまう人間たちもいます。


自分の悪いところ（クセ）に気づいている人は、直せる人です！

直せるから気づかせている。

「悪いクセは簡単には直らないんだ！」と思ってしまう、
　その悪いクセを早く直しなさい。

「苦しい、苦しい」を「楽しい、楽しい」に切り替えて、
　速いスピードで、勢いよく前進していってください。

一人一人がそう思えたときに、皆ですごいことができますからね。
　動き出せば、一気に動きます。
　楽しみながら、がんばってください。
　夢に向かってまい進するのですよ。愛しい子らよ…

人生を変えるきっかけとなる霊査

第二章でも少し述べましたが、現在の私はスピリチュアルカウンセラーとして霊を呼び出して会話したり、相談にみえた方の苦悩や病気などを解決する手助けをしています。これは神様から許された霊査《れいさ》の業と呼ばれるもので、人間ではわからないような悩みや問題を解決に導くものです。私のもとに相談に来られる方は、難病・奇病を患っていたり、お医者さまから見離されてしまった病を持つなど、実にさまざまな悩みを抱えた方がいらっしゃいます。

また、病気だけではなく、子どものころのトラウマを引きずり、自分のいやな部分を変えることができなかったり、自分を高めることができずに悩んでいる方もいらっしゃいます。例えば、相談者の方が子どものころに父親から受けた心の傷を引きずっている場合、その傷を癒すことができるのは同じく父親しかないのです。しかし、父親がすでに亡くなっている場合は永遠にトラウマを引きずらなくてはなりません。そうした場合、霊査によって相談者の方のお父さんの霊を呼び出し、二人で会話をしていただくのです。

例えば、相談者の方がお父さんに聞きたかったことを質問し、私を通してその答えを知ることで一気にトラウマが解消するケースもあります。六十歳を超えた大人の方でも号泣されることが少なくありません。そのように、トラウマの原因となったご霊さんとの対話を通して、人生を変えるきっかけがつかめるのです。これが霊査のすごいところです。

通常、心の傷を持つ方は心療内科に行かれたり、精神療法を駆使して治療されることが多いでしょう。しかし、トラウマの直接的な原因となるご霊さんを呼び、その方との会話を通して一瞬で治ってしまう場合も少なくありません。

以前、引きこもりで何年間も外に出ることができなかった二十代の男性の霊査を引き受けたことがあります。その男性は東京の方で、お母さんが新幹線で無理やり私のもとに連れて来られました。

その男性の場合は霊がたくさんついていたので、まず霊をきったあとにカウンセリングを行いました。その際、神様は男性ではなくお母さんを叱り始めました。子どもの気持ちを考えない母の態度や、自分の都合ばかりを優先していることなど、とにかく母親に対する厳しい注意が続くのです。すると、男性の目がみるみるうちに変わっていくのがわかりました。その方は本来とても素直な方でしたが、唯一、母親にだけ心を開くことができていなかったのです。

霊査を行った次の日、さっそくお母さんから電話があり、なんとその男性がスポーツジムに通うと言い出したとのこと。お母さんは「奇跡です」と言って喜んでいらっしゃいました。何年間も部屋から出ることができなかった方が、たった一度の霊査によって新たな一歩を踏み出すことができたのです。半年後には仕事にも就き、社会復帰を果たしたということです。こうした奇跡の体験は挙げればきりがありません。いずれ本書とは別の機会に、奇跡の体験をお伝えできればと考えています。

すべては迷える人びとを救うために

このように、霊査によって人びとの人生を変える手助けをさせていただいたり、神様のメッセージを一人でも多くの人に伝える活動を続けています。しかし、世の中には目に見えない世界に対して拒否反応を示される方もいらっしゃいます。そして、実は私の主人もその一人です。長く主人からこうした活動を止めるよう言われてきたのですが、やはり私は使命をまっとうしなくてはなりません。私の活動を主人にどうしても理解してもらうことができず、ついに離婚調停を起こされてしまったのです。

できれば主人に理解してもらい、家族がいつまでも一緒に幸せに暮らせることを願っています。いつか主人が理解してくれる日が来ると、いまでも信じています。そうした苦しみの渦中にいる私に対して、調停の控え室で待っているときに神様が次のようなメッセージを授けてくださいました。私と同じような境遇にある方にとって何らかの救いになれば幸いです。

神様からのお言葉

これもすべて学びです。

いま、いろいろなことを学び、それを迷える人びとに伝え、

正しい方向へと導いてあげなさい。

そのために、今生にいろいろな体験をさせています。

なぜなら、実際に体験してみなければ、

同じ体験で苦しんでいる人の気持ちを

心から理解することはできないからです。

自分は何も悪いことをしていないのなら堂々としていればいい。
学びで体験させられているから、それも楽しんでしまえばいい。
とはいっても、自分の子どもと離れて暮らすのは、
とってもとってもつらいことです。

どうかいま、自分の目の前で起きている
ことだけを見ないでください。幅広く全体を見てごらん。
子どもとは、いま一時《いっとき》だけ、意味あって離れているだけ。
ちゃんと元気で生きている。留学させたと思えばいいのです。

気持ちを切り替えて、
いつか成長した我が子に会える日を楽しみにしていればいい。

過去を振り向けば前に進めなくなる。
人生、そのとき、そのとき、
自分にとって必要な人が…必要なことが与えられるのです。

必要でなくなったときは、目の前からいなくなる、なくなる。
ただそれだけのこと。

もっとワクワクするようなことを見つけるように。
考えただけでワクワク、ウキウキ、ドキドキするようなことを…。
そうすれば進むスピードが加速します。
そして楽しくなってくる。
楽しいときには本来のパワーが倍増し、
細胞が活性化するため、体の免疫力も上がります。
これは本当のことです。

この言葉を神様からいただいて、本当に前向きになることができました。「とに

かくいまを楽しもう」と思えるようになったのです。しかし、これは現界的な楽しみを求めるという意味ではありません。私に課せられたこの役割、使命を受け入れて楽しもうと思ったのです。

一時期、子どもと離れて一人暮らしを続けていました。そのころは落ち込みも激しく、体調もどことなくすぐれませんでした。ところが、神様がおっしゃるように腹をくって使命を楽しみ始めた途端、本当に目の前にワクワクするようなことが起こり始めました。何と子どもたちとも一緒に暮らせるようになったのです。神様がおっしゃることを素直に実行することで、望む未来を手に入れることができることもわかりました。私と同じような境遇で悩んでいる方がいらっしゃれば、落ち込むのではなく、ぜひ神様がおっしゃるように楽しいことを考えながら毎日を過ごしていただければと思います。

ありのままの自分を受け入れる

このような家庭生活を余儀なくされている私は、自分を責め、消えてしまいたい衝動に駆られることもありました。私のもとに相談にいらっしゃる方の多くが家庭の中で問題を抱えています。離婚をしたり、母子家庭で子どもを育てたり、子どもと離れ離れになって寂しい思いをしたり…まさに私が経験しているのと同じような苦しみを持つ方がたくさんいらっしゃるのです。私も同じ経験をしているからこそ、相談にみえる方々の思いを心で理解することができます。そうした方々に少しでも私の存在がお役に立てたらと、日々、努力を続けています。

この章の最後に、神様からいただいた二つのメッセージをご紹介したいと思います。人生において何らかの苦しみを抱く方の心に、必ず響く言葉となるでしょう。人生は魂を磨く修行と受け止め、どうか目の前の現実だけに囚われないでください。神様のお言葉が、豊かな人生を切り拓く手がかりになれば幸いです。

神様からのお言葉

なぜそんなにイライラするのですか？
そして、いつまでも同じことを繰り返すのですか？
そろそろ、そんな些細なことでイライラしてしまう
自分を変えてみませんか？

誰のためって？　それは自分のためです。
まず自分の中にある
「こうに決まっている」「こうしなくちゃだめだ」
という固定観念のような厄介な気持ちを

取り除いてみてください。

〝無〟の気持ちに近づくのです。

なかなか本当の〝無〟の境地に至ることはできませんが、

確実に近づくことはできます。

〝無〟に近づくことは誰にでもできることだし、

お金もかからずに気持ちの切り替え一つで

一瞬にしてできてしまうこと…まるで魔法のようにね。

自分の物差しで人や周りの状況を見ることをやめるのです。

そうすることで、目の前で次々と起こることがすべて新鮮に見え、

感動と感激の連続で楽しくなります。

まるで、たったいま、

この世に生まれ出たような感覚となります。

何もイライラなどせず、
むしろ楽しさでワクワクさえしてくる。
自分が無いからイライラしない。
〝無〟だからすべてを受け入れられる。
目の前の事実をただただ受け入れていくだけ。
ただそれだけのこと。

自分にとって不必要な人やモノは何一つない。
すべて自分にとって必要だから起こること。
そう思えば周りのすべての人やモノに
感謝したくなるからとても不思議。
利他愛に生きるとは、そういうことじゃないかな。

神様からのお言葉

（自分を追い込んで苦しくてどうしようもないとき）

なぜ苦しいのかわかる？

自分を演出しているからだよ。プライドがあるからだよ。

そんなものはとってしまいなさい。

必要のないものだから…。

本当の自分でいい。

裸の心の自分でいれば楽に生きられる。

それを隠し、人目を気にして、

人から良く思われたいと思って無理をする。

そして、無理をした自分の姿が他人に定着してしまう。
すると、そのうちに変なプライドってのがまた出てくる。
そのプライドに操られ、
さらに無理して自分をイメージした自分へと近づけようとする。

疲れるね。そんな生き方。
息が詰まるからもうやめようよ。
さあ、肩の力を抜いて…
ありのままの自分を出していこうよ。
そうすれば周りも変わってくるから。
ありのままの自分を好きになってくれる
人たちが集まってくるからね。
必ずだよ。

昨日までの着飾った心の自分に近寄ってきてくれた人たちは
離れていっちゃうかもしれないけれど、
そんなことは気にしない、気にしない。
もう仮面舞踏会は終わり。ただそれだけのこと。

自然体でいられるって本当に楽だよ。
生まれ出たときの心に近づけるよ。
「何か策略を考えなきゃ…」
なんて思って余計な神経を使う必要もないしね。
周りの人たちのガミガミもザワザワも、
ただただ、「そうかぁ」って受け入れるだけでいい。
何も自分のプライドを守るための抵抗をしなくたっていいんだ。
こんな楽なことはない。

どうせ生きるなら楽しく生きなくっちゃね。
楽しく生きていると心の曇りが晴れて、
透明なきれいな心になれる。
一石二鳥ってことかな。

実は本書を執筆中に、神様から次のようなメッセージをいただきました。それは、「神は一人ではないことを教えなさい」というお言葉です。

一般に神様は一人だと考えている方が多いのではないでしょうか。確かに、宇宙や地球、人間、動植物などあらゆる生命や物質を生み出した万物の創造主はお一人です。いろんな宗教が祈る対象はこの創造主です。ところが、創造主以外にも神様はたくさんいらっしゃるのです。例えば、その土地を守る神様、山を守る神様、川を守る神様など、神様もそれぞれ役割をお持ちです。さらに、神様がいらっしゃる五～七次元の中でも、五次元と六次元は神様にとっても修行の場所となります。人間から神様になられたときに、まずこの場所で修行をなさるのです。

人間は三十回生まれ変わると神上がりをして神界へ行き、神として仕事をします。もしかすると、読者のみなさんのご先祖様の中にも、神様になってあなたを見守っている方がいらっしゃるかもしれません。

本書では神様のお言葉をご紹介してきましたが、まだまだ数多くのメッセージをいただいています。紙面の都合ですべてのメッセージをお伝えすることはできないのですが、そのほんの一部をご紹介できればと思います。

神様からのお言葉

神とは…遠い存在の者ではない。
あなたのすぐ近くにいつも私たち、神はいます。
それなのに見えないのは、次元が違うからなのです。
次元と次元は、同じ空間に相重なり合い交差しています。
つまり、あなた方の肉体が存在している三次元と私たち、
神といわれている意識体が存在している
高次元（五次元、六次元、七次元）とは、
同じ空間にあるということ。
普段は目に見えないが、

人間たちに神の存在をわからせるために時々は、
姿を見せたり現象を起こして見せたりしています。
不思議な光が見える場合も多い。
それは目の錯覚だと片づけてしまわないでください。
もっと身近に神を感じるのです。

「神は自分だ…」とか、「神は自分の中に存在する…」などと言っている
本当のことを知らない者たちがいますが、
その者たちの言っていることも一〇〇％間違っているわけではない。
ただ、神の啓示を正確に取ることができないから中途半端に受け、
自分なりに解釈をしてしまっているだけ。

あなた方人間は三十回生まれ変われば神になれます。
これが真実！　三十回の人生修行により、
あなたの魂は美しく輝き、神となる。

魂の存在する次元が上がるのです。
信じられないかもしれないですが、
これは、生命体の…宇宙のしくみなのです。

あなた方が神となり、自分の魂とつながりの深い、
自分より少し遅れてしまっている魂を高次元へと導くのです。

「私なんかにそんなことができない！」

などと思わないでください。

神はできることしか言いません。必ず、必ずできますから…

神様からのお言葉

この世に何一つ偶然はありません。
すべて必然。必要があるから起こる出来事ばかりなのです。
すべて無駄はない。
あなた方の中には「神」という言葉が出ると
宗教くさいと拒絶する人もいます。
では、「神」とは何か？ どんな存在なのか？
をあなたは知っていますか？
神とは、この地球を…宇宙を…そしてあなた方人間も含めて
すべてを創り出した万物創造の存在のことを示す。
その存在とあなた方人間とは、

切っても切り離せないつながりがあるのです。
あなた方にとっては、ある意味、親のような存在です。

あなた方人間が、いま現在をスムーズに生きていくためには、
自分自身の母体でもあるこの宇宙のしくみを知ることが必要。
求める者たちには、平等にそのしくみを教え、
早く本当の幸せを手に入れるようにと神は導きます。

すべてを受け入れなさい。いま、自分の周りで起きていること、
すでに起こってしまったつらいこと、厳しい他人の言葉や家族からの言葉…
決して拒絶してはなりません。
まず、一旦、そのすべてを
「ああそうか、そうなんだ」と受け入れてごらん。
自分がもっともっと楽になります。

頑《かたく》なに拒めば拒むほど、
辛くなり、疲れ、自分で自分がいやになってくる。

素直にすべてを受け入れてみることで、
いままで難しいと思っていたこと、絶対に無理！と
思っていたことがいとも簡単にできてしまいます。

それは、この世のしくみの流れに乗ったとき。
複雑に考えていたことがどんどん解決していくのです。

そして、楽しいと感じ、日々を暮らすことが大切。
楽しいと思うと人間たちは、パワーがさらに倍増する。

毎日を楽しいと思って生きている人と、
毎日を苦しい、つらい、悲しいと思って生きている人との一〇年後は、
まったく異なった人生となってしまっている。

心です。自分の心の持ち方、あり方により、
未来や自分の将来が決まる。
いまからでも決して遅くない。
毎日、毎時、毎分、毎秒を楽しいと感じ、
楽しいと思い、生きてみなさい。
そういう努力をし、
光り輝く未来への切符を自分自身へ送るのですよ。

神様からのお言葉

子どもを叱ってばかりいる親。
その逆で、親を叱ったり文句ばかり言っている子ども。
これは親子だけではなく、親族や他人の間柄でも叱ってばかり、
不平不満ばかりを相手に言っている人、
少し耳を傾けてください。
あなたが、ただ無駄なことに体力を費やしていることに気づきなさい。
叱られてばかり、文句や愚痴ばかりを聞かされている人は、
そこから逃避したいと思っています。
聞いていると自分が苦しくなってくるから、
そこから自分を守らなくてはならないという人間の本能が働きます。

これは大人も子どもも同じ。
自分を守りたいから叱っている人の話を真剣には聞かず、
聞き流してしまう習慣ができてきます。
そんな状態が続くうちに、その習慣は叱ってくる人にだけでなく、
他の人に対しても出てくるようになり、
人の話を真剣に聞けない人間になってしまう。
人の話が聞けない、言葉が入らない人間となってしまえば、
自分の考え方が間違っていても気づかず、
少し違っていても気にもとめなくなります。
人間は普通、叱られて喜ぶものはいません。
常にほめられたい！　認められたい！　と
思っている者がほとんど。

相手が自分の思い通りにやってくれないからと叱ってみても、
ますます相手は言うことを聞かなくなる。
だから叱ってばかりいる人は、無駄な体力を使っているということ。

相手をほめてみる。相手を認めてやるというのは、
お互いに気分がいいだけではなく、
そこにはプラスのエネルギーが働き、
ほめられ認められた者は、
自分の能力を思う存分に発揮できること間違いなしです。
相手を叱ってばかりいるのではなく、
ほめて認めてあげるのです。
それだけで、お互いにすべてが良い方向へと
向かっていくようになります。
頭で考え込む前に、行動を起こしてください。

行動を起こさなければ何も起こりません。

神様からのお言葉

目の前の人を好きになるというのは、

難しいと思っている人がいるから言います。

みなさん、合う人と合わない人がいると思っていますが、

それは自分がそう思っているだけのこと。

「あの人とは、どうもウマが合わない」「そりが合わない」

などと言いますが、それなら自分が合うようにすればいいだけです。

そりを合わせればいいだけ。

本来、合わない人間など一人もいません。

だって霊界（いわゆる天国）じゃあ皆、仲良しだからね。

誰も人に対して悪想念なんて持たないから、
ケンカもめごともないんだよ、霊界ではね。
しかし現界にいるときには、合わない人がいるのは、
なぜだかわかるでしょう。簡単なことだね。

そうです、現界は修行の場だからです。


君たちの魂向上のために、必要な鍛えや試しを入れるために置かれている人だから、最初から気が合っては困ります。

今日から修行の相手をリストアップしてごらんなさい。

そして、その人を一人一人苦手な人の中から消していくんです。

苦手な人をつくらない努力をしていくのです。

それで、いつの間にか自分が変わります。

目の前の人、すべてが愛しくなってくるんです。

自分は、人のことを愛しいと思っているのだと、
少し勘違いをしている人がいます。
ただ思い込んでいるだけで、本当には愛しいと心から
思えていない人がいます。
その自分の気持ちが本物かどうかを確かめたければ、
まず自分をどん底に落としてみると確認できます。

金ない（食べたいものも食べられない）、
家族も離れ離れで友人も離れていき、
一人ぼっちで体調も悪い、
そうなっても目の前の人びとを愛しい、
何か相手にしてあげたいと思えれば本物です。
食べたいものも食べることができ、日々の金はある、

家族や友人もいる、健康な中で、そんな幸せな中にいれば、
たやすく人を好きになれるし何かしてあげたいと思えます。
そんな中にいても苦手な人がいるのは、
少し考えものなんです。

人間の本性というのは、どん底の状態の中で出るんだよ。
とことん追い詰められたときに、心の奥底の醜さが出る。
いま、勘違いをしている人は、
早く気づいて生まれ変わってほしいと思います。
とことん苦しい思いをする前にね…。

神様からのお言葉

あなたの心が寂しいのは、
あなたが心から人を愛していないからです。
愛するより愛されたいと思う自分がいるが、
あなたからまず人を愛するのです。

あなたの心が満足感に満たされていないのは、
あなた本来が求めている生き方をしていないからです。
つまり、あなたの魂が求める生き方とは、
違った生き方をしているのです。
だから日々の生活の中で心の満足感、

充実感が得られなく疲れてしまう。

魂が求める生き方…心の満足感、心の充実感を得る生き方…
疲れ知らずの生き方をするためには、
まだまだたくさんのものを捨てなくてはならない。
あなたにとって必要のないものを取り除くことで、
あなたの本来の魂が光り輝いてくるのです。

変なプライド、地位や名誉への執着。
変なクセや習慣、こだわり…これらはすべて不必要。
あなたの魂は、人のために生きることを本当は望んでいます。
早くそのことに気づきなさい。
そして、そのように生きてみなさい。
そこには疲れ知らずのいきいきとした自分がいますから…。

エピローグ

地球を進化させ、人びとの魂を進化させるときがきた

―二〇一二年人類滅亡説、マヤ文明の予言はどうなるのか―

冒頭のプロローグでは、過激な神様のメッセージから始まり驚かれた方もいらっしゃるかと思います。しかし、電車に飛び込もうとしたときに神様が思い留まらせてくださったことで、私は救われました。神様に本当に感謝しています。だからこそ、いま現在、当時の私と同じように苦しい思いを抱いている方に思い留まっていただくため、あえてあのようなメッセージを冒頭に掲載することにしたのです。

自殺をするとその後、どれほど苦しい思いをすることになるのか、のちに神様から教えられました。さらに、神様からそうした事実を広く世の人びとに伝えるよう使命を授かっています。目をそむけたくなるような内容も含まれますが、一人でも多くの方を救うために以下、述べさせていただきます。

自殺をすると、いわゆる地縛霊と呼ばれる存在となり、その場に縛られたまま半径五十メートル以内しか動くことができなくなります。そして、自殺をしたときの苦しみのまま、ずっとその場所でもだえ苦しみ続けることになります。

例えば、かつて私の頭をよぎった電車への飛び込み自殺の場合、首が後ろを向いていたり、体がちぎれてバラバラの幽体でその場に縛られ続けることになります。首吊り自殺の場合、首の紐やベルト、ロープをとろうとして、首をかくような仕草をしながらずっともだえ苦しんでいるといいます。手首を切ったり、切腹した場合は傷口が生きているときの何倍も痛み、「痛い、痛い」と血を流して這い続けることになります。苦痛なく死ぬことができると言われている硫化水素の場合、体が溶けていくように痛いと神様はおっしゃっています。生きたまま体が腐っていくような痛みが全身に走り続けるのです。

神様は「自殺者の姿を見せてやれるものなら見せてやりたい。それを見たら絶対、自殺をしようとは思わなくなる」とおっしゃっています。だからこそ自殺はしてはいけないのです。人の寿命は神様によって定められています。正しく生き、魂を磨き、人生をまっとうして一生を終えてこそ、安らかな眠りにつくことができるのです。

神様のメッセージにも含まれていたように、この世の中で意味のないことは何一つありません。だからこそ、世の中で起こるすべての霊的現象に耳を傾けていただきたいと思います。例えば、家の中でふいに音がすることがあります。そうした些細なことも、すべてが意味のあるサイン、つまり霊的現象なのです。物音一つ見逃さず、「未来に起こることを伝える何らかのメッセージかもしれない」と捉え、一つ一つの物事を深く考えることが大切です。

例えば、何気なくテレビをつけたとき、車の大事故の様子が映し出されたとしましょう。それはもしかすると、近い将来、自分の身に降りかかるかもしれない予告だと考え、日ごろの車の運転を見直すきっかけにしてもいいのです。そのように些細な霊的現象を見逃すことなく、自分の行動を振り返るきっかけにすることで、何事に対しても深く思考することができる人間へと成長することができます。自分の行動を常に見つめ直し、悪い面は反省して改善する。そのようにして常に魂を磨き続けることが何よりも大切なことなのです。神様も、そのような正しい生き方を望んでいらっしゃいます。

また、意外に思われるかもしれないですが、子どもが機嫌を損ねたときも何らかのサインである場合があります。以前、このようなことがありました。二〇〇九年八月十一日から数日間、お盆休みを利用して子どもたちと静岡に旅行に行く予定だったのですが、直前になって娘がどうしても行きたくないと言い出しました。理由を聞くと「勉強があるから」と頑なに拒否します。「これには何か意味があるかもしれない…」と思い旅行をキャンセルしました。すると、旅行の出発日だった二〇〇九年八月十一日の朝に震度六弱の地震が静岡で起こったのです。このように、子どもの些細な心理的変化を通して何らかのサインが出されていることもあるのです。

娘が小さいときにはこのようなこともありました。それは家族で外出したときの話です。駐車場に停めていた車に家族が乗り込み、主人が車を出そうとした瞬間、いきなり娘が泣き出しました。「何かある」と感じた私は急いで車を止めてもらうよう伝えました。すると、その間に二台の車が私たちを追い抜いて駐車場から出て行き、その後、娘はぴたりと泣き止んだのです。「もう大丈夫だ」と思って主人に車を出してもらい、私たちを追い抜いた二台の車の後ろについて走っていました。

そのときに私はなぜか「危ないことが起こるかもしれない」と感じていたので、娘をしっかりと抱きかかえていました。すると次の瞬間です。対向車線の車がこちらの車線に入ってきて、それを避けようと前の二台の車が山に激突したのです！　私たちは、前に車がいたことで窮地に一生を得ることができました。駐車場で娘が泣き出していなければ、私たちが危険な目に遭っていたということです。

このように、ちょっとしたメッセージやサインに気づき、何かを思い留まったり、自らの行動を見直すきっかけにしていただくことで、危機を免れることもあるのでぜひ覚えていてください。

それではここで、改めて神様のメッセージをお伝えしたいと思います。神様は大愛の精神で、我が子を見守るようなやさしい眼差しで次のお言葉をおっしゃられました。そんな神様の温かい言葉に耳を傾け、幸福の道を歩むきっかけにしていただければ幸いです。

神様からのお言葉

この世が終わってしまうと
言われても信じられませんよね。
自分にとっていやなことは
「信じたくない」「忘れてしまいたい」
と思う気持ちがわいてくるのは、
人間たちにとって自然な感情です。

これは、根本ではいつも平和を求め、
幸せの中で生きていきたいと願っている
人間の本能からきている感情です。

自己防衛本能とも共通する部分もあります。

しかし、今回は、あえて何度も言っておきます。
一旦、この地球の文明は幕を閉じます。
これは真実。

それも近い将来に必ず起こってしまうことです。
これは、はるか昔より決められていたことなのです。
そして、誰にも止められません。

みなさんは、ただこの事実を受け入れ、
神の示す光の道へと進んでいってください。
決して怖れてはなりません。

不安や怖れが強いと自己判断を狂わせてしまいます。

いま、この地球が進化するときに来たのです。

それに伴い、みなさんの魂も一気に進化させます。
　そして、新しい地球文明を築いていきます。
神とともに…喜びなさい、楽しみなさい、このときを…。

いま、己の魂を目覚めさせ、神の本当の光を浴びるのです。
　神は求める者には、平等に与えます。
いま、仕事や家庭や人間関係がうまくいかない、
　体調が悪いと悩んでいるあなた…
　　もっと神を求めなさい。
自分で朝晩祈ってみる…自分なりに祈ってみるだけで、
　何かが変わりますからね。
「いま自分はつらいからこうしてほしい！」と強く願い、
　涙を流して自分で祈るのです。
何の枠にもはめられることなき状態で

ただひたすら祈りなさい。
祈りが通じれば、
神はあなたの問題点を簡単に解決しましょう。
一度、素直になってやってみるのです。いいですね。

何かつらいときに、立ち止まってしまえば、
そこで流れも止まってしまい、
つらいことはかえってそのまま長く続きます。
つらいときこそ、立ち止まらず、
ただひたすら動いてみてください。
できれば周りの人のために動いてみてください。
人間は、人のために動いているとき、
人から感謝をされたときに底知れぬ充実感、
満足感を得ることができるのです。

これは、人間のしくみ。

動いていくことで、さらに新たな流れに乗ることができ、
つらいときが早く過ぎ去ります。

人のことを考え、
人のために生きることが幸福の道への一番の近道。

みなさん、今日からともに
幸福への道を進んでいってくださいね。
必ずみなさんに幸せになってもらいたい。
みなさんの周りの人びととともに…。

光り輝く明るい未来で
多くの仲間たちがみなさんを待っています。

必ず、必ず、そこまでたどり着いてくださいね。
私も待っています。

私は現在、全国各地で行われている講演会活動のお手伝いをさせていただいています。その講演会の最後に聴講者の方からの質問を受ける私のコーナーを設けて頂いているのですが、最近とくに増えているのが「二〇一二年に地球が滅亡するといわれていますが、本当でしょうか」というご質問です。これは、古代マヤ文明で使われていたマヤ暦が、二〇一二年十二月二十二日で終了していることに起因した説のようです。このマヤ文明の予言について、二〇〇九年十一月二十日に神様からお言葉をいただきました。みなさんにとって興味深い内容だと思いますので、本書の最後の神様のお言葉としてご紹介させていただきます。

神様からのお言葉

マヤ文明の予言が取り立てられ、世の中を騒がせている。
二〇一二年にこの文明が幕を閉じると…。

あなた自身はどう思うのですか？

もしかしたらそうなってしまうかもしれない！　と思うのも、
そんなことあるわけない！　と思うのも自由です。

自分の自由意志を尊重するべきです。

魂の感じること、インスピレーションを信じること…そして
それに向かい、心の準備もしていくように。

人間たちの大半が、二〇一二年で終わることを心から望み、
本当にそうなるんだ！　と強く思えば、実際にそうなる場合もある。
未来をある程度、変えていくことが人間たちにはできますから。
　本当です。しかし、これだけは言っておきます。
二〇一二年で人類が滅亡することは、いまのところない!!

　こう言えば、すぐ人間たちは
「マヤ文明の予言は当たらなかったではないか」と言う。
あなた方人間は『予言』の意味を履き違えています。
予言をした時点では、そうなる予定だということです。

マヤ文明の頃には、確かに二〇一二年で一旦、
　文明が終わる予定だった。
しかし、人間たちの心がもう少し変わるのを、

待つこととなったのです。

なぜなら、二〇一二年で終わってしまっては、

残せる魂が少ないから…足りないからです。

もう少し多くの魂を残し、新たなる文明を再び築きたい。

二〇一二年以降、さまざまな辛く苦しいこともたくさん起こってきます。

地球へと接近してくる惑星の動きにも注意するように。

地球的規模の危機を与えます。

それにより、同じこの惑星に住む人間たちの心を一つにさせます。

人種の違いなど関係なく、同じ地球というこの星に住む

人間たちの心を一つにさせるのです。

地球的規模の危機に直面し、地球はもうダメかもしれない…

と思ったとき、そのとき、人間たちは何を一番望むのか？

もうすぐ地球という星ごと自分も消えてなくなる…
と思ったときに、お金儲けや自分の地位・名誉を
　上げるための出世を考えますか?
贅沢なものを買ったり、食べたりしたいですか?
そんなことはどうでもいい…とにかく自分にとって
大切な人たちと生き残れるものなら生き残りたいと思い、
　神に祈る気持ちを持つ人間が多いはず。

　そうなって初めて、神に祈る者も出てくる。
これは欲をなくした人間たちの本来の美しい姿です。
この宇宙を創り上げた創造主(いわゆる神と呼ばれる存在)と
　人間はつながっているとわかる。
そうなって初めて、何が自分にとって一番大切だったのかもわかる。

しかし、ときすでに遅し…。

そんな状況下だからこそ見えてくる。

いかに自分たちが、どうでもいいようなことに囚われ、

こだわり、いままで生きてきていたのかに気づくはず。

なんと自分は無駄な時間を

くだらないことに費やしていたのかに気づく。

そしてあなたは、それに気づくことのできる時間を

与えられたことに、ただ心から感謝するだけでよい。

ただそれだけで…

あとがき

ＷＡＴＡＲＡＳＥ（わたらせ）――。本書を手に取り、このタイトルをご覧になったとき、一体これはどういう意味なのかと不思議に思われた方もいらっしゃることでしょう。実はこのタイトルは、本書を執筆中に神様からいただいたお言葉なのです。

神様は私にこのようにおっしゃいました。「あなたはこの世の人びとに対して、この次元から目に見えない世界へと渡らせてあげる使命があります。つまり、この世の人びとが次の次元（死後の世界）へと行きやすくなるよう、次元と次元を渡らせる役目を帯びているということです。人びとを次の次元へと渡らせる手助けをするという意味を込めて、書籍のタイトルを『ＷＡＴＡＲＡＳＥ（わたらせ）』にするといいでしょう」。

「渡らせる」という直接的な表現ではなく、ローマ字と平仮名を併用し、さらに「わたらせ」という聞き慣れない言葉を使うことで読者に興味を持っていただくようにとの神様のご指示もあり、最終的に『ＷＡＴＡＲＡＳＥ（わたらせ）』というタイトルに決定したのです。

本書では、私の幼少期の不思議な体験に始まり、霊的存在や魂を磨くことの大切さ、さらには神様からいただいたお言葉の一部をご紹介してまいりました。それらに共通するのは、人間の世界は決してこの世で終わるのではなく、魂は肉体を超えて輪廻転生を繰り返す霊的存在であるということ、だからこそこの世では人に尽くして正しく生き、魂を磨き続けることが、次の次元へと渡る上で大切だというメッセージです。

本書でお伝えしたメッセージの数々が、みなさんが生きていく上で何らかの糧となれば幸いです。それは結果として、目に見えない世界へと安心して渡ることにつながるものと信じております。

二〇一〇年三月　大森和代

●著者プロフィール

大森和代（おおもり　かずよ）

岐阜県生まれ。

幼少のころから霊的な能力を持ち、神様より直接指導を受けてきた。未来予知、巨大宇宙船との遭遇、幽体離脱、神様との対話、霊達との対話など、不思議な体験の数々。その特筆すべき能力をいかし、現在スピリチュアル・カウンセラーとして活躍している。

また、神様より直接おろされた多大なるメッセージを伝えるため、講演会活動にゲストとして参加し、日本各地をまわっている。その講演会参加者より、体のつらい部分が楽になった等、数々の奇跡の体験が寄せられ、講演会リピーターが急増中。

さらに、読むだけで体に宇宙のパワーが入り、元気になれる、とっても癒される、体が熱くなってくるなど、続々と奇跡が起こっていると読者から声が届いている、今話題の不思議なブログ「大森和代のWATARASEまっせ!!」もアクセス急増中。

http://ameblo.jp/oomori-kazuyo/

WATARASE――わたらせ――

2010年３月18日　初版第１刷発行
2015年２月１日　初版第８刷発行

著　者　大森 和代
発行者　韮澤 潤一郎
発行所　株式会社 たま出版
〒160-0004 東京都新宿区四谷4-28-20
☎ 03-5369-3051（代表）
http://tamabook.com
振替　00130-5-94804
印刷所　株式会社 エーヴィスシステムズ

ISBN978-4-8127-0303-8　C0011